コンテンツツーリズムと文化遺産

大手前大学比較文化研究叢書18

コンテンツツーリズムと文化遺産

石毛弓・谷村要 編

水声社

まえがき

一　「コンテンツツーリズム」と「文化の継承」

本書は、二〇二一年度に開催された大手前大学交流文化研究所シンポジウム「コンテンツツーリズムにおける文化の継承――『聖地巡礼』に連なる現場の実践から」を基に、シンポジウムの各登壇者が新たに原稿を書き下ろしたものである。今回、収録された内容は多岐にわたるが、その共通項はもちろんコンテンツツーリズムだ。さて旅や巡礼といった古くからある形態に比べると、ツーリズムはたいへん新しい概念になる。そこで、人が移動するということについてその歴史を少しみてみよう。

住居を離れて一時的に異なる場所に滞在することを旅とするなら、その形態は古くは一万二〇〇〇年以上前の狩猟採集民にみることができるだろう。人類は食料資源を求めて各地に散り、生きのびてきた。[1] 食料の確保以外の目的をもった移動であれば、シンポジウムのサブタイトルにもなっている巡礼という行為に着目することができる。ポピュラーカルチャー等のコンテンツの舞台地を訪れる現代的な「聖地巡礼」ではなく、本来的な意味での巡礼は、宗教にまつわる聖地や聖域を訪れることを目的とした移動だ。ヨーロッパのキリスト教文化圏では、一般人がエルサレムに巡礼するようになったのは四世紀ごろからとされている。日本では平安時代に四国遍路が始まり、庶民に広まったのは江戸時代になる。

さらに近代以降、交通手段の拡大等により一般人が居住地や国境を越えて各地に赴くことが容易になった。日本では、第二次世界大戦後の半世紀間をみると、細かな増減はあるものの大きくみると国内旅行者数および海外旅行者数はともにおおむね右肩上がりになっているといえる。[2] また一九六〇年代以降の海外旅行者の目的は、渡航がほぼ公的な目的に限られていた五〇年代とは違って、広い意味での楽しみのためであることが多い。「観光」を目的として国境を越えることが、一般人にとって身近なものになったのである。[3]

本書のテーマであるコンテンツツーリズムだが、この語は先に紹介したどれよりも新しく生まれたものだ。「コンテンツツーリズム」という用語は二〇〇五年に国土交通省、経済産業省および文化庁による『映像等コンテンツの制作・活用による地域振興のあり方に関する調査報告書』(以下、『報告書』)で初めて示された。日本の観光立国化や地域振興への取り組みの一環として、「地域に関わるコンテンツ(映画、テレビドラマ、小説、まんが、ゲームなど)を活用して、観光と関連産業の振興を図ることを意図したツーリズムを『コンテンツツーリズム』と呼ぶ[4]」ことにしたのである。本書では、この新しい概念が指し示す可能性や、その社会的な意義について考察されている。

さて、このシンポジウムの企画が立ち上がった際は、いわゆるコロナ禍になってほぼ二年が経過したことを踏まえて、その内容はCOVID-19のまん延とその影響を強く意識したものになっていた。ツーリズムは目的地を訪れること、すなわち人の移動によって成り立つものであり、コンテンツツーリズムもその例外ではない[5]。しかしコロナ禍において、私たちは移動することや直接他者と接触・交流することについて厳しい制限を設けられた。この方策は、人間の生活全般にさまざまな変容をもたらすことになった。交流文化研究所は、広い意味で文化と交流に関する研究をあつかう機関だ。研究所員のあいだには、コロナ禍でさまざまなイベントの中止や延期があいつぐなか、対面で行われなければ途絶えてしまう知恵や技術、つながり等があることへの危機感があった。この危機感は、二〇二〇年度には「コロナ禍における体験型イベントの〈いま〉――参加・鑑賞・観戦」というシンポジウムのかたちをとった（シンポジウムの内容は『大手前大学比較文化研究叢書一七　コロナ禍と体験型イベント』に収録されている）。これは、COVID-19の感染拡大防止対策が進むなかで、体験することに重きをおくイベントが現在進行形でどのような状況にあるのかを観察・考察したものだった。したがって、二〇二一年度の本シンポジウムも、コロナ禍でのコンテンツツーリズムのありようやその継承がテーマになると想定されていたのである。しかし、企画を検討していくあいだに、その方向性に修正が加えられることになった。

シンポジウムが開催された二〇二二年二月当時、COVID-19のまん延はいまだ脅威だった。だがコンテンツツーリズムに連なる文化の実践や継承、またその展開や問題点は、コロナ禍というせまい枠組みではなく、もっと広い視点から議論されるべきである。そういった方向に舵が切られたのである。こう書いてしまえば当然の話にしかきこえないだろうが、この気づきにいたったことで、本シンポジウムのテーマは当初の想定を超えた多様性と未来への視点をもつようになった。こうしたコンセプトのもと、多くの方がたにご協力をいただいた結果、本書には理論と実践の両方の面からバラエティに富んだ論文や報告を収録することができた。以下で、簡単ではあるがその概要を紹介したい。

二　概念・地域・ファン

「コンテンツツーリズム」という概念

コンテンツツーリズムという用語について、先に省庁の『報告書』による説明を紹介した。しかし、それだけでは具体的な内容が想像しにくいかもしれない。「地域に関わるコンテンツ」とはどのようなものか、「観光と関連産業の振興」はどのように図られるのか、それが「ツーリズム」とどのような関係にあるのか。そもそもコンテンツツーリズムとはなんなのか。そんな疑問が生じるかもしれない。

このような点について、理論面からの考察を行っているのが谷村要（第一章）および山村高淑（第二章）である。谷村は、まず「文化」をカルチュラルスタディーズの文脈から「制度・言説・主体

（の行為）の『交錯』の場において立ち現れる」（二八頁）なにかとする。そしてデジタル・デバイスによるコミュニケーションが一般化している現代は、この交錯の場が複雑化・重層化していると指摘する。このような文化の担い手は、デジタル化より前のメディアにみられたような情報の送り手と受け手のあいだに境界線が引かれた状態ではなく、送り手・受け手のどちらも参加者としてともにメディア実践のありかたを変えていくものとみなされる。

メディアとその参加者の変容をこのように解釈したうえで、谷村は参加者によってコンテンツがツーリズム化する具体例を挙げていく。ファンが「聖地」に寄贈するグッズやイラストは、「その地域においてファンの作品の解釈をその場所で承認しているというメッセージ」（三八頁）になる。さらに、こういった活動は公的機関や地域住民との連携なしには成り立たない。これはいってみればファン・公的機関・地域住民といった多様な立場の人びとによって作り上げられる「集合知」である。谷村は、この集合知が交錯する場としてコンテンツツーリズムが成立しているとみるのである。

谷村が「文化の担い手」という観点から論じたのに対し、山村は『報告書』のなかで言及されていた「物語性」に着目し、コンテンツツーリズム研究の理論的構築について再考する。彼はジェラール・ジュネットの物語論をもとに、ある作品が生み出す作品世界を一つの物語世界とみなす。さらに、この物語世界というキーワードは、アシノドロス・クローニスによるツーリズム・イマジナリーや、スタンリー・フィッシュの「解釈共同体（interpretive community）」と結びつけて考察される。ツーリズム・イマジナリーはクローニスによると、「ツーリズムを通じて特定の場所と結び付き、そこで演じられる、価値観を伴い感情を掻き立てる集合的な物語の構造」（五一頁）のこと、つまり人がある地域の物語性をツーリズムを介して体験したり参与したりすることだといえるだろう。また山村は解釈共同体をコンテンツツーリズムの文脈で読み直し、「コンテンツを理解し解釈するための枠組みを共有する集団」（五二頁）だととらえる。ツーリズムを通してあるコンテンツの物語世界を体験することは、その地域のもつポテンシャルを再発見し語りなおすことにつながる。ここに虚構である物語世界と地域の振興とのリンクがある。従来の伝統的な社会や共同体の結びつきが弱体化している現代において、コンテンツツーリズムが「伝統的な物語世界」と「コンテンツ解釈による新しいタイプの物語世界」による相互作用がはたらく場となる可能性が、ここで示されているのである。

地域の公的機関の取り組み――埼玉県『らき☆すた』および岩手県『岬のマヨイガ』から

谷村と山村は、コンテンツツーリズムの理論について述べている。では、実際にどのようなものがコンテンツツーリズムとして挙げられ、その地域の公的機関はどういった対応をとっているのだろうか。この点について、本書ではアニメ『らき☆すた』（第三章）における埼玉県の事例および『岬のマヨイガ』（第五章）における岩手県の事例について紹介している。

アニメ『らき☆すた』は、コンテンツツーリズムやアニメの聖地巡礼について語られる際、しばしば初期の成功例としてとりあげられる。原作はマンガで、二〇〇七年にアニメ化されて人気を博した。作中のキャラクターである柊姉妹の自宅が、現実の鷲宮神社をモデルにしているとファンのあいだで話題になったことがコンテンツツーリズムのきっかけだ。最初はファンが作品の舞台地になった地域を訪れていただけだったが、この動きを知った地元の鷲宮町商工会（現・久喜市商工会鷲宮支所）が素早い対応をし、作品に関連したイベントを開催したりキャラクターグッズを販売した。

埼玉県観光課で初代アニメ担当だった島田邦弘は、業務に当たるさい、とくに三つの点に留意したという。一つは、直接の舞台地になった地域だけでなく、県全体としてこのコンテンツを盛り上げようとした点だ。これが効果を発揮し、のちに埼玉県を舞台地にした新たな作品が生まれるようになったという。第二は、島田が「制作サイドと地域とのつなぎ役を果たそうとした」（九二頁）点である。突然アニメの聖地になった地域が、それを地域活性化の契機にしたくても、たとえばそこに版権ビジネスについて詳しい人間がいるとは限らない。そのような地域への支援を行うのが県の役目であると島田は考える。三つめは、「良きエバンジェリスト（伝道者）」（九二頁）になることだ。ファンには、舞台地となった地域だからこそ発信できる作品のさまざまな楽しみ方を提案する。また市町村や観光協会等に対しては、コンテンツツーリズムに関連する情報の発信に取り組んだのである。

なお島田は、自治体という面からみたとき、担当職員の人事異動を乗り越えてスキルやネットワークを伝えていけるかどうかが大きな鍵となるだろうと述べている。これは担当者が入れ替わることを前提とした継承システムを構築するという問題である。この点にかんする現場でのさまざまな試行錯誤が、地域を超えて共有され蓄積されていくことが求められているといえるだろう。

次に、『岬のマヨイガ』についてみていこう。岩手県が舞台地であるアニメ映画『岬のマヨイガ』

は、二〇二一年八月に全国公開された。原作は二〇一四年から二〇一五年にかけて連載された児童文学である。『らき☆すた』が地域振興をねらって制作された作品ではなかったのにくらべて、アニメ映画『岬のマヨイガ』は東日本大震災の被災地支援をはっきり意識して制作されたという特徴をもつ。フジテレビが、東日本大震災から十年となる年に、被災地である岩手県、宮城県、福島県を舞台地にしたアニメ作品を三本制作することを決定した。その内の一本が『岬のマヨイガ』なのである(6)。

大槌町は、『岬のマヨイガ』の舞台地の一つになっている。安藤彰紀は、岩手県大槌町産業振興課商工観光班の主任という立場から、本作を通じたコンテンツツーリズムの取り組みを紹介している。取材協力は、制作側に地元の人物、団体、店舗、風景などを紹介し説明した。また震災を描いた作品であることから、当時震災対応にあたった職員や町長らが設定や考察をチェックした。さらに安藤は、宣伝協力として行ったことを詳しく述べている。これらの取り組みは「メディアミックス地域おこし」であり、町に人を呼び込むための方策として理解されている。

安藤は、メディアミックス地域おこしを進めるにあたって、「一過性のブームを追うことは無意味」(一四三頁)だと述べている。アニメや「聖地巡礼」がいまブームだから追従するという考えでは、コンテンツとしての寿命は短く、地元への関心も長くは続かないだろう。そうではなく、あるコンテンツや制作側と協力体制をとるということは町にとって目的ではなく手段であることを自覚し、大槌町に愛着をもつ人間を増やすために活用すべきだというビジョンをもっているのである。長期的な視野をもってメディアミックス地域おこしを続けるということは、そのコンテンツを地元でどう受け継いでいくかという、これもまた「継承」にかかわる問題なのである。

民間からの地域情報の再構築と発信——兵庫県西宮市を中心に

コンテンツツーリズムにおいて、情報の発信と拡散はたいへん重要な課題である。現在、オンラインを利用したソーシャルメディア等は、人びとの興味関心を引くために欠かせない手段となっている。岡本順子は、地元からの情報発信をコンセプトに十六年にわたり運営してきた地域ポータルサイト「西宮流（にしのみやスタイル）」の事例を紹介している（第四章）。兵庫県や西宮市による公的なものではなく、あくまで民間が運営してきたということがその特徴だ。開設当時はインターネットによる発信はグローバルなものであるという認識が強かったが、西宮流はあえて西宮市民を対象にした「内向きの発信」をコンセプトにした。自分たちが住む西宮という地域を、西宮市民にこそ知ってほしいという思いがあったからである。

西宮市は昔からさまざまな作品の舞台地になっており、その一つにアニメ『涼宮ハルヒの憂鬱』がある。ライトノベルを原作とするこの作品は、二〇〇六年にテレビアニメシリーズの第一期が放映されて以降、根強い人気がある。その舞台地と目される西宮市に、ファンが聖地巡礼に訪れるようになった。この機に乗じて岡本は『涼宮ハルヒの憂鬱』関連のイベントを開催することを提案したものの、公式からの許諾を得るのに難航したという。さらに、モデル地であると公的に認められて以降、できることが広がったと話している。ファンが推測していたとしても、モデルとなった地であると公式に認定されることの重要性を再認識させられるエピソードである。

ここでもう一つ、行政ではない例として「学生」という集団についてとりあげよう。海老良平は、大手前大学のゼミナール活動を紹介している（第七章）。海老は、大学教育における観光学の役割は、「学生が地域を横断的に俯瞰できるような幅広い知識の習得、さらにその知識の域内外への発信についての深い理解にある」（一七六頁）と考え、ゼミナールに属する学生たちが地域の観光資源の発掘およびその情報の発信に寄与した活動を紹介する。

阪神間から神戸にかけての地域は、歴史、文化、産業などの地域資源が豊富だ。このような資源を新鮮な目で発掘し、編集して発信することは、その地域に新たな解釈による物語世界をあたえることにつながるだろう。「街あるきマップ」の制作や「西宮・珈琲で地域活性化プロジェクト」、「兵庫県立兵庫津ミュージアム」開設活動などはその一環だといえる。このように蓄積される地域の情報が、コンテンツツーリズムを支え発展させる基盤となっていくのである。

さらに、森元伸枝は「コンテンツ」が内包し得るものはなにかと問い、「スイーツもコンテンツと十分成り得、スイーツ産業はコンテンツツーリズムに成り得るだろう」（一四八頁）と考える（第六章）。海老の場合は、コンテンツツーリズムといういわば上層レイヤーが成り立つために必要とされる地域資源という下層レイヤーの再構築を学生主体で行っていると理解できる。しかし森元は、スイーツそのものがコンテンツとして成り立つ可能性を示唆する。

森元は、神戸のスイーツ産業がツーリズムの対象になったきっかけとして、ＮＨＫ朝の連続テレビ小説『風見鶏』（一九七七年放送）を挙げている。しかし森元の関心は、西宮および神戸のスイーツ産業そのものにあるようにみえる。島田の『らき☆すた』や安藤の『岬のマヨイガ』の例では、明確な虚構の物語があり、それが現実の地域とオーバーラップすることでコンテンツ化した様子が語られる。しかし森元のいうスイーツは地域産業そのものであり、たとえばスイーツを擬人化する、地域産業そのものをコンテンツとする物語世界を構築する、もしくはさまざまなコンテンツに登場するスイーツを西宮や神戸のスイーツ産業という枠組みで編集するなどといった操作について語られているわけではない。阪神間のスイーツ産業が長い歴史と豊かな特色をもっていることは、本論をみれば明らかである。ではどうすればスイーツ自身をコンテンツとして活用し、それがコンテンツツーリズムとして発展していくことができるのか。こういった点について、今後森元が同地域を舞台にどのように応えていくのかが期待される。

ファン同士のトランスナショナルなコミュニケーション――日韓ファンの応援上映会

コンテンツツーリズムは、そのコンテンツを愛するファンがいるからこそ成り立つものだ。小新井淳はこのファンの動きに着目する。とくに日本と韓国という二つの文化圏におけるファンを対象に、ファン同士のトランスナショナルなコンテンツ消費と交流を調査する（第八章）。とりあつかう作品は、映画およびテレビ放送されているアニメ『KING OF PRISM』シリーズだ。日本で作られた同シリーズがファンの間に定着し交流を生むようになった様子が、とくに応援上映会という形式を通して描かれている。

国や言語が違う者同士が一つの作品についてリアルタイムで盛り上がることができるのは、デジタル環境やオンラインによるネットワークの進化によるところが大きい。ソーシャルメディアの活用は、本書の他の著者たちも認識しているようにコンテンツツーリズムにおける重要なファクターである。

このようなソーシャルメディアを通じたファンの交流のポジティブな面としては、自国以外で催される応援上映会への直接の参加が挙げられている。映画作品の内容自体は、自国であれ他国であれ変わらない。それなのに日本人が韓国へ、韓国人が日本へ行こうとするのは、応援上映会に唯一の定型はなくローカライズされているからである。応援上映会は体験型のイベントであり、ファンはその土地・その場でしか楽しむことができない盛り上がりを味わいに行く。そして各地で行われた応援上映会の様子は、ファンがTwitterを主としたソーシャルメディアで情報を発信することによって拡散され、さらなるファンの興味を喚起するのである。

ファン同士による情報交換や他国へのツーリズムはトランスナショナルなコミュニケーションのポジティブな面だが、交流にはネガティブな出来事も生じるものだ。小新井はその具体例として、コンテンツを制作した会社へのファンからの批判と、それ対する日韓のファンの態度の差異および衝突についてふれている。

コンテンツを中心にしたファンの交流を、国家という枠組みを超えた結びつきだと単純にもてはやすわけにはいかないだろう。日本と韓国の地政学的な緊張関係は継続しているし、『KING OF

PRISM』のファンがみな両国の異なる文化的背景を理解したうえでトランスナショナルなコミュニティを構築しているわけではない。それは了承したうえで、それでもソーシャルメディアを介した国籍を超えたファンのありようと、場所やモノではなく関係性が主体となった人の移動は、コンテンツツーリズムの現代的な展開を考えるうえでこれからも注目していくべき部分だと考えられる。

持続可能な開発目標（SDGs：Sustainable Development Goals）の推進は、二〇一五年に国連サミットで採択された国際的な目標である。持続とは、ある状態を保ちながら続くことを指す。継承は、引き続いて受け継ぐことだ。コンテンツツーリズムが一過性のもので終わらないためには、つまり持続していくためには、時代や情勢の変化に柔軟に対応しながら受け継がれていく必要がある。

シンポジウムでは、「私たちはどのように地域の文化や人々の交流を『残して、つないで』いけるのか」が問われた。そしてコンテンツツーリズムについて、研究という側面だけではなく、またまちおこしに関する官民の取り組みだけでもなく、両方の側面から文化的実践について紹介し議論した。その成果が本書にまとめられている。シンポジウムおよび本書にご協力いただいたみなさまがたに深く御礼を申し上げる。また最後に、本書がこれからのコンテンツツーリズム研究にとって有意義なものとなることを心から願う次第である。

大手前大学交流文化研究所長　石毛弓

［註］

（１）　海部陽介（二〇〇五）『人類がたどってきた道――〝文化の多様化〟の起源を探る』、ＮＨＫ出版。

（２）　手島廉幸（二〇〇八）「マスツーリズムの歴史的変遷と今後の行方――マスツーリズムに終焉はない」、日本国際観光学会論文集（二〇〇八年三月、第十五号）。

（３）　日本語の「観光」と英語の「tourism」は、本来の語意からするとイコールではない。しかし両者の意味合いおよび「観光」と「tourism」と「コンテンツツーリズム」の関連を検討することは本章の主旨ではないため割愛する。

（４）　国土交通省総合政策局観光地域振興課・経済産業省商務情報政策局文化情報関連産業課・文化庁文化部芸術文化課（二〇〇五）『映像等コンテンツの制作・活用による地域振興のあり方に関する調査報告書』、四九頁。

（５）　近年は仮想現実（ＶＲ）や拡張現実（ＡＲ）を利用したツーリズムが散見され、コンテンツツーリズムとの親和性は高いようにみえる。しかし、今回のシンポジウムではこの分野は議論の対象にしていない。

（６）　シネマトゥデイ「震災から十年……フジテレビが被災地を舞台にしたアニメ三作品を制作」（二〇二〇年十一月五日）https://www.cinematoday.jp/news/N0119665［二〇二二年九月二日閲覧］

目次

誰が／何が「文化」の担い手になるか？
――〈コンテンツ〉を媒介する〈メディア〉の遍在化

谷村要

一　はじめに

本書には、二〇二二年二月二十六日に開催されたオンラインシンポジウム「コンテンツツーリズムにおける文化の継承――『聖地巡礼』に連なる現場の実践から」の登壇者たちがその報告内容を基に新たに執筆した原稿を掲載している。このシンポジウムの企画にあたっては、当初コロナ禍での各地でのコンテンツツーリズムの実践を取り上げるアイデアも存在していたが、最終的にコンテンツツーリズムと「文化の継承」というテーマを組み合わせることにした。本書『コンテンツツーリズムと文化遺産』ではその部分を「文化遺産」と表記する形で改めているが、「コンテンツツーリズム」というこの十数年間で観光学や社会学などの議論の俎上に上った題材がなぜ「文化の継承」や「文化遺産」に結びつくのか。

その背景には、私たちの文化を支える制度（システム）の変動と、その制度と相互依存関係にある言説、そして文化に関与する主体（とその行為）の多様化が関係している。本稿は、その文化に関与する主体＝文化の担い手がどのように多様化しているかについて、特にメディア環境の変動を踏まえて論じるものである。そして、コンテンツツーリズムでは、どのような「担い手」が現在では想定できるのかまで議論を進めることで、本書で扱う内容の導入として本稿が機能することをねらう。

二　文化をいかにとらえられるか

まず、「コンテンツツーリズム」を含む文化とはいかなるものとしてとらえられるかを「文化（culture）」を主要な研究対象としてきたカルチュラル・スタディーズの先行研究を踏まえて整理しておきたい。

カルチュラル・スタディーズ草創期の研究者として名高いレイモンド・ウィリアムズは、産業革命以降に出現した文化の「近代的意味」(1)を論じている。ウィリアムズによると、もともと「文化（culture）」という言葉は、「『自然成長物の手入れをすること（＝栽培）』を意味し、ついで類推により人間の訓練の過程の意味にも使われていた」という。（agriculture という言葉を想起するとわかりやすいだろう）。しかし、産業革命以降にその意味が変化し、以下の四点を示す言葉に変化することとなった。すなわち、(一)「人間完成の域」と強く関連する「精神の一般的な状態もしくは習慣」、(二)「全体としての社会における知的発展の一般状態」、(三)「学芸の総体」、(四)「物質的・知的・精神的生活の仕方全体」の四つの意味である。[2] この文化の四つの意味は、クリス・ジェンクスが二〇〇五年に示した文化概念の類型[3]にも受け継がれているものであるが、文化を研究対象とする学問では、とくに(四)の意味である「生活の仕方全体(the whole way of life)」に焦点が当てられてきた。なぜか。

たとえば、(一)・(二)が述べる文化の意味は、個人や社会が理想とされる状態を目指すものである。生存権を規定した日本国憲法第二五条にある「健康で文化的な最低限度の生活を営む権利」で書かれる「文化」はこのニュアンスが強い。一方で、(三)の「学芸の総体」は、小中高の歴史の授業で学ぶ「白鳳文化」や「元禄文化」などにおける「文化」であり、そこでは芸術や学問を集合したものとして用いられる。このように、これら(一)〜(三)の文化の意味は今も私たちの社会の中で息づいているものであるが、一方で文化を対象とした研究を進める場合にはその文化の領域を狭めてしまう困難さを内包している。すなわち、(一)・(二)の場合には「理想」から外れた人びとの営みをその意味に含まないことになりかねない問題がある。また、(三)の場合も「学芸」——学問と芸術という言葉の高尚さがネックになる。学問や芸術にふさわしくないと判断されるものは文化ではないのか？　という問いが生じるからである。とりわけ、これらの定義の区別はサブカルチャーやポピュラーカルチャーを対象とした研究で問題となる。社会通念から外れた要素を有することで多くのファンを獲得することもある、これらの文化領域は、(一)〜(三)の意味で文化を捉えた際、その範囲に含まれなくなるおそれがあるからである。

一方で、このような文化をめぐる意味づけや定義づけは、さまざまな文化の関係性や社会の権力関係の中でつくられるものである。この点に注目する形で一九七〇年代以降、カルチュラル・スタディーズではスチュアート・ホールらを中心に、文化の政治性、特に『ポピュラー』をめぐるイデオロギー[4]」に照射した議論が展開されるようになってきた。本稿の目的から逸脱してくるため、以降のカルチュラル・スタディーズにおける議論の展開には深く踏み込まないが、ここで参考にしたいのは、ホールやカルチュラル・スタディーズの議論を踏まえて富岡太佳夫が描写した文化のとらえ方である。富岡は「恐らく文化そのものを何らかの実態として定義するのは不可能」といいつつ「文化はどんなところにでも遍在するものではない」とも述べたうえで、以下のように記述する。

それ〔文化〕は特定の場に現われることによってみずからの存続を納得させる何かであるが、その場では必ず何らかの制度と、その制度と相互依存する言説と、それらによって支えられつつ、それらを具体的に個別化する主体(行為者)が交錯している。文化はその交錯の中にしか現われないし、われわれはその交錯を通してしか文化と向いあうことができない[5]。

文化は制度・言説・主体(の行為)の「交錯」の場において立ち現れるという示唆に富む指摘で

ある。この指摘からは、痕跡を残しつつもすぐに消えゆく存在として文化をとらえることができるが、一方でその「交錯」の無数の痕跡がメッシュのように重なっていった結果、無形有形の「文化物」あるいは「文化遺産」としてその場に残ってゆくもの（「みずからの存続を納得させる」資源）にもなると、とらえることもできよう。この富岡の文化をとらえる視点を本稿では踏まえてゆくが、注意したいのは、現在の社会においてこの「交錯」はより複雑化・重層化しているということである。デジタルデバイス（デジタル情報端末）による情報システムが普遍化している現在では、そのデバイス上（仮想空間上）で流通する言説（≒コンテンツ）とさまざまな主体の行為が現実の場に介入してくる。ときに仮想空間上の言説や行為は現実空間上の言説や行為と対立し、葛藤状態が引き起こされることがあるのは、「ながらスマホ」による事故や、「映え」写真を撮影するために、あるいは「ポケモンGO」のような位置情報ゲームアプリに夢中になって立ち入り禁止場所に入り込むトラブルを思い起こしてもらうと理解しやすいだろう。

情報社会が進展した文化からうかがえる、制度・言説・主体（の行為）の交錯する場は、現実と仮想の双方で成立しているといえる。しかし、それらは明確に分かれているものでなく互いに影響を与えあい、ときに結びつき、ときに葛藤し、ときに分裂する状況がつくられていると理解することができる。

本稿ではこのような文化のとらえ方を出発点として「文化の担い手」が多様化する現状を描写したいと考える。つづいて、この文化状況をつくりだすメディア環境の変容とそれに伴う私たちのメディア実践の変容を先行研究の議論からとらえていきたい。

三　私たちをとりまくメディア環境とメディア実践の変容

近年の社会・文化は、コミュニケーションメディアの役割を抜きに語ることができないのは言うまでもないだろう。そして、新しいコミュニケーションメディアの登場は私たちに新しい経験をもたらし、その経験の積み重ねの中でそこに適応した感性を生み出してゆくこともこれまでのメディア研究の蓄積の中でさまざまな形で言及されてきた。

新しいコミュニケーションメディアの経験がつくりだす感性を捉えるうえで、近年の重要な研究の一つといえるのが、ヘンリー・ジェンキンスが提唱した「コンヴァージェンス・カルチャー(convergence culture)」に関する議論である。

この「コンヴァージェンス」という日本人にとって聞きなれない言葉は、もともと二〇〇〇年代前半に顕在化しつつあったメディア業界のパラダイムシフトと関係する概念として登場してきたものである。デジタル化が進展する中、私たちを取り巻くメディア環境は大きく変わることになった。たとえば、文字・音声・映像といった各種の情報との接触は個別のメディア形式（文字情報＝手紙・新聞・本、音声情報＝レコード・ラジオ・CD、映像情報＝映画・テレビ）と結びついていることが当たり前だったが、デジタルデバイスはその情報のいずれも一つのデバイス上で扱うことができる。すなわち、かつて個別に分かれていたメディア機能が一つのメディアに統合される状況が起こった。これが「メディア・コンヴァージェンス」である。ジェンキンスの議論で重要な点は、この技術的な変容が人びとのメディア実践を変えてゆき、そして、そのメディア実践の経験が積み重なる中で人びとの感性も変容し、産業・文化・社会が変化する、ということである。

ジェンキンスのいう「コンヴァージェンス」には、以下の三点が含まれる。

一、多数のメディア・プラットフォームにわたってコンテンツが流通すること。
二、多数のメディア業界が協力すること。
三、オーディエンスが自分の求めるエンターテインメント体験を求めてほとんどどこにでも渡り歩くこと。(6)

ジェンキンスはこの「コンヴァージェンス」という概念を「技術的なプロセス」として理解するのではなく、メディアの「受け手」が「新しい情報を求めて、散らばっているメディアコンテンツを結びつけるように」仕向けられる「文化的転換」(7)として捉えるべきだという。

この「文化的転換」は、さらにメディアに関与する制作者(「送り手」)と消費者(「受け手」)の関係性も変容させる。両者をもはや「参加者としてお互いに交流しているとみなしてよい」(8)状況が、デジタルデバイスを媒介にして成立する仮想空間では登場しているからである。この状況下では、制作者と消費者は両者ともに「メディア参加者」として捉えられ、メディア上での発信・受信のあり方も変えてゆくことになる。一方で、このメディア参加の過程で、消費者側・制作者側双方ともに他者との社会的交流を経験することになる。この交流を通じて「集合的知性」または「集合知」(collective intelligence)と呼ばれる参加者間の共有知がサイバースペース上で形成される。その資源もメディア参加者は活用してゆくようになる。

コンテンツが個別のメディア形式と結びついていた時期には「本＝読む」「ラジオ＝聴く」「テレビ＝見る」といったようにメディア形式とメディア実践(受容行為)は結びついていたが、デジタル化による「コンヴァージェンス」はその体験のレベルを大きく変えることになった。デジタルデバイスを使いこなす私たちにとっては、メディア形式を横断したコンテンツ体験は、すでに自然なものとなっており、畢竟メディア実践の姿も変わりつつある。デバイス上の仮想空間はさまざまな言説(解釈)が交錯する場として機能している。そして、すでに述べたようにその仮想空間は独立したものではなく、現実の空間と地続きである点に注意が必要である。

以上に見てきたような、メディア・コンヴァージェンスとそれに伴う文化的転換がつくりだす文化を指す言葉として、ジェンキンスは「コンヴァージェンス・カルチャー」を用いている。メディアの技術革新に伴う文化の変容は、個別のメディアで流通してきたコンテンツを変え、それぞれのメディアのオーディエンス(消費者)の層を変え、それぞれのメディアの社会的地位も変えることが予想される。[9] この状況下で、古いメディアは新しく登場したメディアに必ずしも取って代わられるのではなく、新しいメディアと共存する中でメディア文化が変容してゆくことになる、とジェンキンスは予測する。

一方、このジェンキンスの議論を引きつつ、日本のメディアミックス研究を展開したマーク・スタインバーグはコンヴァージェンス・カルチャーとメディアミックスを区別する。スタインバーグによると、キャラクターを軸に展開されるメディアミックスは「コンヴァージェンス・カルチャー（収斂する文化）」というより「ダイヴァージェンス・カルチャー（拡散する文化）」ととらえることができるという。[10] ハリウッドでは『スターウォーズ』シリーズや、マーベル・シネマティック・ユニバースの作品群（『アヴェンジャーズ』シリーズなど）に代表されるように、複数のメディア・プラットフォームを横断して展開される物語（トランスメディア・ストーリーテーリング）が一つの物語世界へと収斂してゆく傾向がある。一方で、日本のメディアミックスでは、キャラクターを中心とする展開がなされることで、複数の物語世界のバリエーションへの拡散が進む傾向がみられる。

このようなメディア文化の変容を踏まえたうえで、次に「コンテンツツーリズム」の場の成立とそこに関与する多様な主体の実践を見ていきたい。

四 「コンテンツ化」における多様な実践

山村が近年のコンテンツツーリズム研究で提示した「コンテンツ化」の議論（本書第二章でも展開

されている）はジェンキンスとスタインバーグの影響を強く感じられる。山村によれば「コンテンツ化」とは「メディアを横断したアダプテーションとツーリズム実践を通して〈物語世界〉が絶え間なく展開・拡張していくプロセス」[11]であるが、この「〈物語世界〉の展開・拡張」は日本の「ダイヴァージェンス・カルチャー」の一事例としてとらえることができるかもしれない。また、一方でそこには「コンヴァージェンス・カルチャー」の特徴である「散らばっているメディアコンテンツを結びつける」姿勢が当事者であるファンや地域住民から見られる点も注意すべきだろう。「アニメ聖地」とされる場所では、キャラクターと地域資源が結びつけられることが数多く見られるが、〈物語世界〉の一部を担うキャラクターと地域資源を関連付ける当事者たちの想像力には、コンテンツを「拡散」する力と「収斂」する力の双方が関与して成立していると理解できるからである。

たとえば、「アニメ聖地巡礼」現象が注目されるきっかけになった埼玉県北葛飾郡鷲宮町（アニメ放送当時。現在は埼玉県久喜市鷲宮）は、作品に登場する双子のキャラクターの実家のモデルが鷲宮神社であったがゆえに「聖地」としてファンに認識された地域である。そして、現在もそのキャラクターを演じた声優を招いたイベント（「らき☆すた　柊姉妹誕生日イベント」）を商工会がキャラクターの誕生日に合わせて開催するなど、「聖地」として注目を集めてから十数年が経過した現在もコンテンツを活用した取り組みの中核にはキャラクターが位置している。キャラクターを媒介にした形で「〈物語世界〉の拡張」が地域に根差していることがうかがえる。

このようなコンテンツツーリズム現象において特徴的といえる点としては、山村が指摘するように

「あるメディアのコンテンツが他のメディアに適応（adapt）し、新たなコンテンツとして再創造され、原作のメディア形式を越えて消費される」[12]、コンテンツ消費のダイナミズムを物理的場所にまで拡張している点、さらにそのメディアを横断してコンテンツが展開される推進力として「ツーリズム実践」を捉えている点が挙げられる。

この「ツーリズム実践」の主体となるツーリスト、たとえば筆者がこれまで研究してきたアニメ聖地巡礼者を想定すると、どのような「実践」のもとで「コンテンツ化」は推進されてきたといえるだろうか。筆者が調査した事例をいくつかピックアップして、コンテンツツーリズムの場がどのように成立しているのか、また、そこにどのような主体が関わるかを、かんたんに描き出していきたい。

埼玉県久喜市鷲宮

先に挙げた鷲宮の一つの名物として、鷲宮神社の境内にある絵馬掛所がある。多くのファンが手製のイラストを奉納することで、作品が表出した空間が現在でも境内で見ることができる。このファンによるイラスト絵馬（「痛絵馬」ともいわれる）が、新たなファンの地域への来訪（「二次旅行行動」）を誘発する地域の観光資源として機能してきたことは「アニメ聖地巡礼」について書かれた山村の最初の論考でも触れられている[13]。また、町中の商店には数多くのファンアートや作品のグッズが店先に掲出されている。これらのグッズやファンアートは商店の店主や店員によるものでなく、ファンから店に寄贈されたものである。このファンアートの町中の表出は、地域住民のファンの趣味を承認する表象として機能し、鷲宮に多くのファンが愛着を持つきっかけをつくったとも考えられる。[14]

滋賀県・豊郷小学校旧校舎群

二〇〇九年に放送された『けいおん！』をきっかけに多くのファンが作品の舞台として訪れるようになった豊郷小学校旧校舎群では、鷲宮と同様にファンが寄贈したグッズやファンアートが展示されているスペースがある。また、現在に至るまでファンイベントが継続的に開催されており、施設内の講堂をファンが借りきって開催されるキャラクターの誕生日イベントには初開催から十年以上が経過した現在でも百名を超えるファンが集まる（**図1－1**）。さらに、地域側も作品のイメージを活用して高校生バンドによるコンテスト形式のライブイベント「とよさと軽音楽甲子園」を二〇一一年から開催している。コロナ禍で二〇二〇年・二〇二一年は開催できなかったものの、二〇二二年十一月十三日に三年ぶりに開催され、予選を勝ち上がった十バンドが参加した。この施設は、昭和初期に建てられた建物の取り壊しをめぐって一時期町を二分する騒動の渦中にあったが、コンテンツツーリズムの活性化をきっかけに、山村が第二章で述べる地域の文化遺産の「再文脈化」がなされた事例といえる。

静岡県沼津市

沼津市は二〇一五年からコンテンツの雑誌展開が開始され二〇一六・二〇一七年にTVアニメが放送された『ラブライブ！　サンシャイン!!』の「聖地」として知られる場所である。この沼津市では

図 1-1　ファン主催イベント「Yui & Azusa Birthday Party」に参加するファンたち（2022 年 11 月 27 日，筆者撮影）

図 1-2　三の浦総合案内所の外観（2022 年 5 月 28 日，筆者撮影）

TVアニメ放送初期にはファンによるさまざまな活動が見られたが、特にファンの関与が強く見られる場所の一つが内浦地区の三の浦総合案内所である（図1-2）。これまでの事例と同様にファンから寄贈されたグッズやファンアートで埋め尽くされるこの施設を運営するNPO法人奥駿河燦燦会には地域住民とともに複数のファンが会員となり、施設維持の活動にまで関与している。[15] 一方で、二〇一七年五月より沼津市商工会議所発案で始められた「沼津まちあるきスタンプ」ではツーリストの回遊を狙って、市内の施設や商店に、それぞれの場所とキャラクターがあしらわれたスタンプが置かれているが、このスタンプの設置をきっかけに作品と直接関係ない場所にもファンが訪れるようになっており、一部の店はスタンプに描かれたキャラクターの「聖地」としても認識されるようになっている。さらに、キャラクターの名前と店名の一部が重なっている商店（松浦酒店）がファン向けのサービスや商品を扱うようになったことで、沼津を訪れるファンが多く訪れるようになったという事例もある。この商店はTVアニメ放送終了後の二〇一九年に公開された同作品の劇場版の冒頭で店を背景にキャラクターがダンスを披露する姿が描かれ、現実の「聖地」の作品への「逆輸入」現象とでもいうべき状況[16]が見られることになった。

誰が／何が「文化の担い手」か

以上のように、「アニメ聖地」とされる現場では、多様な主体がコンテンツツーリズムの場に関わり、地域の「聖地」としての場所性（〈物語世界〉との関連付け）を強める働きをしていることがうかがえる。ファンによって地域に寄贈されるグッズやファンの手によるイラストが掲出されることは地域の景観に物理的にコンテンツとその〈物語世界〉を表出させる役割を果たすだけでなく、その地域においてファンの作品の解釈をその場所で承認するメッセージを同時に発するパフォーマティブな機能を持っている。「コンテンツツーリズム」を推進する力としての「ツーリズム実践」はまさにこのようなところに見られるといえるが、一方で沼津市の事例で紹介したように、NPO法人に入会し地域施設の運営にまでかかわっている事例などはもはや「ツーリスト実践」の範疇を越えた関与をしているといえるかもしれない。ただ、それはコンテンツツーリズムが見られる地域では特別な事例と言い切れない。たとえば、鷲宮には地域住民とファンが協同して二〇〇八年に制作した「らき☆すた神輿」があるのだが、その管理は久喜市商工会鷲宮支所公認の団体である「らき☆すた神輿準備会」が務めるようになっている。この「準備会」はファンが中心になって運営されている組織であるが、この組織が中心となって毎年七月に鷲宮で開催される「八坂祭」でこの「らき☆すた神輿」が現在も全国から募集されるファンの手によって担がれ続けている。「コンテンツツーリズム」の実践が地域で積み重ねられることで、その実践が有形無形問わず「文化遺産」として機能している状況をここに見ることができよう。

一方で、このようなファンのツーリスト実践を越えた関与には、地域住民の理解なしに成立するものではない。そして、その理解の背景には地域の実情が関係してくる。「らき☆すた神輿」をファンとともに制作した地域住民は、かつて筆者のインタビューに答えたさいに鷲宮で地域の祭りにファンを受け入れられた背景として、もともと祭りを開催するうえで、地元の住民のみでは神輿の担ぎ手が不足していたため、他の地域から担ぎ手を募集していたことを挙げていた[17]。地域側で積み重ねられた文化がファンの「ツーリスト実践」を受容できる状況につながっていたのである。また、沼津市ではコンテンツの展開が続く中で地域住民側が作品のファンになり、ファンの解釈を理解できるようになる様子もうかがえる。

また、沼津市でキャラクターのスタンプの設置をきっかけに作品に登場しない「聖地」が生まれていることに触れたが、〈物語世界〉は作品に関連付けられたモノを媒介として拡張できる可能性もここから指摘できる。その背景には絶え間なく更新が続けられる「集合知」とそこにアクセスする経路が開かれている状況がある。ファンの「ツーリスト実践」やファンに対応する地域住民の実践が仮想空間上で「集合知」に回収され、さらにそれが現実の場にフィードバックされてゆく現在では、あらゆるモノがコンテンツを媒介するメディアとして機能しているのである。

そのような多様な主体と仮想空間と現実空間を横断して形成される「集合知」が物理的場所を含むメディア資源を介して交錯する中で「コンテンツツーリズム」の場は成立しているのである。

五　まとめ

ここまでの議論を改めて整理してみよう。

デジタルデバイスが普及した現代社会では、我々は「いつでも」「どこでも」情報に触れられるようになっている。気になったことがあれば、そのデバイスからＳＮＳの検索機能や検索サイトを活用して、自らが欲する情報やその情報に関連した言説のトレンドも知ることができる。また、それに対する自身の見解を発信することもできる。しかも、それは文字情報だけでなく音声や映像も含まれる。このような多様なメディア形式を扱えるデジタルデバイス上では日々さまざまな情報や語り（ナラティブ）が流通しており、私たちは、それらの情報群（「集合知」）をさまざまな解釈のもとで関連付けてとらえるようになっている。それはときに「聖地」となる物理的場所やモノなどもコンテンツの一種となり、そのコンテンツの媒介物ともなることを意味する。いいかえれば、「コンテンツ」を構成する要素が、その外部へと拡散し、さまざまな情報・モノ・場所と結びつけられながらその意味内容を変えてゆくダイナミズムが私たちの社会では成立しているのである。ジェンキンスはこの状況を指す用語として「コンヴァージェンス・カルチャー」を用いるが、近年に成立したこれらの文化状況を背景として、コンテンツツーリズム研究において浮上している「〈物語世界〉の拡張」は駆動する。たとえば、コンテンツツーリズムの現場では、コンテンツで描写された〈物語世界〉が地域資源と結びつき、新たな付加価値がそこに形成されるときがある。それは、ときに地域の魅力の再発見につながり、ときに新たな地域資源を生み出す契機となっている。また、長くコンテンツツーリズムの実践が積み重ねられる中で、「ツーリスト」の範疇を越えた活動へのファンの参与すらみられる。

この状況を生み出される土台はコンテンツのファンや地域住民らの作品の解釈、地域の解釈が介在している点である。情報メディア環境、地域、多様な主体による行為、そして、そこから派生する言説が「交錯」する中で「コンテンツツーリズム」は成立している。

本書で扱う議論の対象は多様である。〈物語世界〉に関連する先行研究の議論からコンテンツツーリズムの理論的枠組みの構築を試みる山村の論考や、コンテンツツーリズムに関与した地域側の当事者である島田・岡本・安藤の実践・経験事例の紹介記事がある一方で、西宮のスイーツ文化を取り上げげそのスイーツの媒介性に言及した森元、学生による地域の観光資源の発掘や情報発信の実践事例を取り上げた海老、応援上映のファン文化を扱う小新井らのように本書の主題である「コンテンツツーリズムと文化遺産」からは一見すると外れているように見える論考も収録されている。

しかし、ここまで見てきたように、その「多様さ」こそが、現状のコンテンツツーリズムという現象を支え、そしてその場を持続してゆく資源であるように思われる。従来であれば結びつかなかったものが結びつくこと。それが「コンテンツツーリズム」を含む現在の文化状況の一つの特徴といえる。さまざまな実践やコンテンツを含む言説が「交錯」する積み重ねの中でどのような文化が今、生まれ出ているのか。

コンテンツツーリズムの場とその持続可能性を考えるための視点につながる議論に本書が少しでも寄与できれば幸いである。

[註]

(1) レイモンド・ウィリアムズ、若松繁信・長谷川光昭訳『文化と社会――一七八〇―一九五〇』ミネルヴァ書房、二四二頁。

(2) レイモンド・ウィリアムズ『文化と社会――一七八〇―一九五〇』、四頁。

(3) Jenks, C. *Subculture: The Fragmentation of the Social*, Sage Publications, 2005, p.2.

(4) 岡田宏介「マスカルチャー、サブカルチャー、ポピュラーカルチャー――文化理論とイデオロギー概念の変容」ソシオロゴス編集委員会編『ソシオロゴス』第二七号、二〇〇三年。

(5) 富岡太佳夫「突出するホール」、『現代思想』一九九八年三月臨時増刊号、青土社、一九九八年、一六八―一七一頁。

(6) ヘンリー・ジェンキンス、渡部宏樹・北村紗衣・阿部康人訳『コンヴァージェンス・カルチャー　ファンとメディアがつくる参加型文化』晶文社、二〇二一年、二四頁。

(7) ヘンリー・ジェンキンス『コンヴァージェンス・カルチャー　ファンとメディアがつくる参加型文化』、二五頁。

(8) ヘンリー・ジェンキンス『コンヴァージェンス・カルチャー　ファンとメディアがつくる参加型文化』、二六頁。

(9) ヘンリー・ジェンキンス『コンヴァージェンス・カルチャー　ファンとメディアがつくる参加型文化』、四二―四三頁。

(10) マーク・スタインバーグ、中川譲訳・大塚英志監修『なぜ日本は〈メディアミックスする国〉なのか』KADOKAWA、二〇一二年、二六頁。

(11) 山村高淑「アニメツーリズムからコンテンツツーリズムへ」、山村高淑&フィリップ・シートン編『コンテンツツーリズム――メディアを横断するコンテンツと越境するファンダム』北海道大学出版会、二〇二一年、一―二八頁。「コンテンツ化」への言及は一五頁参照。

(12) 山村高淑「アニメツーリズムからコンテンツツーリズムへ」、『コンテンツツーリズム――メディアを横断するコンテンツと越境するファンダム』、一四頁。

（13）　山村高淑「アニメ聖地の成立とその展開に関する研究――アニメ作品「らき☆すた」による埼玉県鷲宮町の旅客誘致に関する一考察」『国際広報メディア・観光学ジャーナル』七巻、二〇〇八年、一四五―一六四頁。
（14）　谷村要「『アニメ聖地』における趣味の表出――『趣都』と『アニメ聖地』の比較から」『ＣＡＴＳ叢書』七巻、二〇一二年、一〇五―一二〇頁。
（15）　谷村要「『アニメ聖地化』の過程におけるファンの地域活動への関与――静岡県沼津市の事例から」『地域活性研究』十巻、二〇一九年、七九―八八頁。
（16）　谷村要「アニメ聖地における『キャラ縁』の形成」『地域活性研究』十四巻、二〇二一年、七五―八四頁。
（17）　谷村要「趣味の包摂が生む地域活性化――アニメ聖地に見る他者の受け入れから」『ノモス』三五号、二〇一四年、三五―四六頁。

コンテンツツーリズムの理論的枠組み構築に向けた若干の試論
――〈共有可能な物語世界〉は如何にして構築され得るのか？

山村高淑

本稿では、〈物語世界〉に関わる概念整理を通して、コンテンツツーリズムの理論的枠組み構築に向けた試論を展開してみたい。いくぶん雲をつかむような、哲学的議論になってしまうかも知れない。しかし実際のところ、コンテンツツーリズム研究分野においては、実務面に注目するあまりこうした議論を敢えて避けてきた経緯があるように筆者は感じている。コンテンツツーリズムを学術領域として確立していくためにも、今後の新たな議論の材料として、批判を覚悟でいくつかの論点を提示してみたい。

一　コンテンツツーリズムの定義について

コンテンツツーリズムという概念が初めて提唱されたのは、二〇〇五年の国土交通省・経済産業省・文化庁による『映像等コンテンツの制作・活用による地域振興のあり方に関する調査報告書』においてであった[1]。そこでの定義は「地域に『コンテンツを通して醸成された地域固有の雰囲気・イメージ』としての『物語性』『テーマ性』を付加し、その物語性を観光資源として活用すること」とされた[2]（強調筆者。以後、引用中の強調は全て筆者による）。そしてその後、国内外の学界においてコンテンツツーリズム研究が活発化していくのだが、そうした研究の多くも、「物語性」に類した語をコンテンツツーリズムの特質を示す語として使用してきた。例えば、「物語」[3]、“narratives”、“narrative quality”[4]、“narrative world”[5]、「物語世界」[6]といった具合である。

さらに筆者は国際共同研究を通して、こうした内外の既往研究の整理を踏まえ[7]、コンテンツツーリズムを以下のように再定義した。

> コンテンツツーリズムとは、コンテンツによって動機づけられた、一連のダイナミックなツーリズム実践・経験を指す。コンテンツツーリストは、〈コンテンツ化〉を通して絶えず拡張する〈物語世界〉にアクセスし、それを身体化しようと試みる。なお、ここで言う〈コンテンツ

〈contents〉〉とは、ポピュラーカルチャーの形で創造・編集され、それ自体を消費することで楽しさを得られる、物語、キャラクター、ロケ地、その他創造的要素といった情報内容[8]のことであり、また、〈コンテンツ化（contentsization）〉とは、メディアを横断したアダプテーションとツーリズム実践を通して〈物語世界〉が絶え間なく展開・拡張していくプロセスのことを言う[9]。

しかしながら自責の念も込めて言えば、こうした〈物語性〉〈物語〉〈物語世界〉といった語については——おそらくコンテンツツーリズムの本質を示す中核的概念であるにもかかわらず——十分な議論を経ずに、曖昧な提議のまま感覚的に用いられているのが実状である。

こうした背景を踏まえ、本稿では、〈物語世界〉という語を中心に、関連するキーワードをツーリズム研究やメディア研究以外の領域も含め、広く再検討することで、コンテンツツーリズム研究の理論的枠組み構築に向けた試論としたい。

二　物語論《ナラトロジー》と〈物語世界〉

コンテンツツーリズムが物語にかかわるツーリズムであるならば、まずはその議論の基礎として、物語論（ナラトロジー）を踏まえておくことが必須であると筆者は考える。そこでまずは、物語論（ナラトロジー）を確立したジェラール・ジュネットの議論に着目し、〈物語〉と〈物語世界〉という語について整理をしておきたい。

ジュネットは、「物語」を三つの相――「物語内容」「物語言説」「語り」――に区分している。[10] すなわち、「物語内容」とは「物語によって報告された内容、すなわち語られた出来事の総体」、「物語言説」とは「それらの出来事を喚起する言説（テクスト）」、そして「語り」とは「物語行為」「物語言説を生じさせるところの語るという行為そのもの、さらにはこの行為が行われる状況全体[11]」をそれぞれ指す。[12] 加えてジュネットは、「物語世界」という語を提起、これを「物語内容が生起する世界」「意味されるものの場」としての「空間」、「一つの世界そのものを指す語」であるとし、「行為の連鎖」を指す「物語内容」と区別して用いるべき語であると主張した。[13]

こうしたジュネットの考え方は、あくまで言説（テクスト）に注目した文学理論としての議論ではあるが、その根源的・構造的な部分は動画や画像、音楽など、人類によって作品の形で「創造・編集された情報内容[14]」としての、多様な形式の「コンテンツ」に拡張可能であると筆者は考える。つまり、コンテンツという極めて曖昧模糊とした対象を、物語の三つの側面（物語内容、物語言説、語り）から捉え、さらに物語内容が生起する一つの世界としての「物語世界」を設定することで、構造的に理解できそうである。言い換えれば、コンテンツツーリズムにおけるコンテンツを「物語、あるいは、物語内容が生起する一つの世界としての物語世界」と再定義することで、コンテンツツーリズムにおけるコンテンツの創造・消費・再構築プロセスを、より理論的に説明することが可能となるのではないだろうか。

筆者らはコンテンツツーリズムの国際共同比較研究を進める中で、「コンテンツツーリズムの目的地として長期にわたり人々が訪れ続けている場所の多くは」「原作として」「文字化された形での物語を有する」ことを指摘し、「文字化された世界」の存在が、コンテンツツーリズムにおける「極めて重要な要素」ではないかと仮説的に述べた[15]。しかしながら、こうした点に着目した議論や、コンテンツツーリズムと物語論・文学理論の接合面に関する本格的な研究は未だ現れていない。ジュネット以外の論も参照しつつ、コンテンツツーリズム分野の根幹をなす基礎研究として、こうした接合面に関する研究領域を確立することが急務であろう。

なお、〈物語〉〈物語世界〉という語は、メディア研究分野においても比較的自由度の高い語として用いられてきた。大塚英志は物語消費論の中で、「一本の起承転結からなる具体的な〈物語ソフト〉〔……〕ではなく、それが生成する場を〈世界〉という[16]」とし、この「世界」と同義の語として「物語世界」を用いた[17]。大塚は同書の中で、こうした「世界」の考え方は歌舞伎用語の「世界」に依拠しているとし、服部幸雄の次の定義を引用している。「(世界とは)一日の長い狂言が舞台の上で繰りひろげられるとき、その虚構の物語世界、その芝居が作り上げる全宇宙の枠組みを指す[18]」。さらに大塚の影響を強く受けたマーク・スタインバーグは「創作とは、一つの物語を作ることではなく、物語世界を作るということなのだ[19]」と述べている。こうした議論で重要なのは、大塚やスタインバーグは、文学論ではなく、メディアミックス論として多様なメディアを横断するコンテンツについて議論をしている点である。しかし、彼らはジュネットを引用してはいないものの、彼らの主張はジュネットの物語論と共通点が多い。このことも、ジュネットの論が文学を超えてコンテンツツーリズムにも適用可能であることを強く示唆していよう。

以上を踏まえると、冒頭で触れた「コンテンツ化[20]（contentsization）」は、次のように言い換えることができよう。それは、ある作品（例えば小説）が、他のメディア形式に翻案（アダプテーション。例えば、マンガ化、アニメ化、実写化）されるとともに、ある地域や場所と結びつきツーリズム実践を通して作品が消費されることで、その作品が意味する一つの世界――〈物語世界〉、ジュネットの言葉を借りれば〈物語内容が生起する世界〉、大塚の言葉を借りれば〈物語ソフトを生成する場〉――が拡張していくプロセス、である。

三 〈ツーリズム・イマジナリー〉と〈解釈共同体〉

こうした〈物語世界〉と〈ツーリズム実践〉の接合面に関する本質的且つ根源的な問い――何故〈物語世界〉が我々のツーリズム実践に結びつくのだろうかという問い――について、ツーリズム研究分野で体系化を試みた代表例に、「ツーリズム・イマジナリー（tourism imaginary）」に関する議論がある[21][22]。この考え方は、前章で述べたような〈物語論〉からのアプローチではなく、実存主義哲学者のジャン＝ポール・サルトルが主張した「イマジナリー（imaginary）」の概念[23]などを基盤として、観光人類学分野を中心に議論されてきた[24]。このツーリズム・イマジナリーという語について、アシノドロス・クローニス（Athinodoros Chronis）は次のように定義を行っている。

> ここで我々はツーリズム・イマジナリーを次のように定義することが可能である。すなわち、ツーリズムを通じて特定の場所と結び付き、そこで演じられる、価値観を伴い感情を掻き立てる集合的な物語の構造（*collective narrative construction*）。このように考えれば、ツーリズム・イマジナリーは、その適用において、潜在的な普遍性を持つ。つまり、どのような観光地にもツーリズム・イマジナリーが存在するし――本研究によれば――どのような観光地も複数のイマジナリーを持つ可能性がある。したがって、分析の重点は、観光地そのものの構造にあるのではなく、ある場所に付加されその場所を明確な観光目的地へと転換させる力を持つ、集合的な物語の結合構造（*collective narrative articulations*）にあるのである。[25]

このクローニスの定義、とりわけ傍点部は、前節で述べた〈物語世界〉の定義、そして日本政府による〈地域への物語性の付与〉というコンテンツツーリズムの定義と、意味するところが合致する。こうしたことからも、コンテンツツーリズム論を体系化していくうえで、ツーリズム・イマジナリー論は――日本では未だほとんど議論されていない論なのだが――重要な基礎となるように思われる。

さらにクローニスの、「どのような観光地も複数のイマジナリーを持つ可能性がある」という指摘も重要である。つまり同一の場所に、複数の〈集合的な物語の構造〉が重なり合う場合がある、という主張である。この点について、フィリップ・シートンと筆者は、「戦争に関連するツーリズム（war-related tourism）」を取り上げ、こうしたツーリズムには「三つのイマジナリー」が存在することを指摘している。すなわち、「戦争体験に関する主観的イマジナリー」「戦争遺産に関する客観的イマジナリー」「戦争関連エンターテイメントに関するイマジナリー」の三つである。そしてこれら三つのイマジナリーが一つの場所において重なり合う場合があり、「相互作用」を通して反発し合ったり、あるいは三つのイマジナリーそれぞれが共有可能な「利用可能な物語世界（usable narrative worlds）」を構築したりすると述べている。[26]

そのうえで、シートンと筆者は、こうしたイマジナリー間の相互作用を理解するうえでは、スタンリー・フィッシュが文学研究において提唱した「解釈共同体（interpretive community）」という概念[27]が有用であると指摘している。[28]フィッシュによれば、解釈共同体とは「文学作品を理解するための一連の慣習を何らかの形で共有する読者の集団」であり、「文学作品の形式的特性は、そうした読者の共同体によって活性化されることによってのみ存在する」という。[29]解釈共同体とは、文学作品を理解し解釈するための枠組み（規範やコード）を共有する集団なのである。

そう、ここで言う〈文学作品〉は、言うまでも無くコンテンツ（人類によって創造・編集された情報内容）の一形態＝テクストである。したがって、フィッシュの文学作品に対する議論をコンテンツ全般に拡張して解釈することも本質的な面で可能であると考えられる。つまり、〈解釈共同体とは、コンテンツを理解し解釈するための枠組みを共有する集団〉として理解できよう。そしてこの考え方を援用すれば、上述の戦争関連ツーリズムの現場における様々なコンフリクトを構造的に整理することが可能なのだ。さらに言えば、例えば、アニメ聖地巡礼者と地域住民との間でコンフリクトが起こる場合や、ある作品と地域とのコラボ案件について特定の集団から反対意見が出る場合などは、異なる解釈共同体間の対立と捉えることができる。また、アニメ聖地巡礼者と地域住民との対話が進みまちおこしにつながっていくようなプロセスは、当初は異なる解釈共同体が、解釈枠組みを共有していくことによって、「利用可能な物語世界[30]（usable narrative worlds）」が構築されるプロセス、場合によっては、新たな解釈共同体が構築されるプロセスとして捉えることが可能である。

四　〈物語〉を通して〈世界を認知する〉という人類の営み

さて、ここで、より本質的な論点について考えてみたい。すなわち、我々を取り巻く世界を、我々人類はどのように認知・認識するのかについてである。この論点は、日本政府によるコンテンツツーリズムの定義や、クローニスによるツーリズム・イマジナリーの定義で共通して言及されていた、「集合的な物語の結合構造」が持つ「場所に付加されその場所を明確な観光目的地へと転換させる力[31]」、つまり、〈場所に意味を持たせる物語世界の作用〉を、本質的かつ構造的に理解していくうえで避けて通れない論点であると、筆者は考える。

例えば、精神科医で心理学者のカール・グスタフ・ユングは自伝の中で、一九二五年に行ったアフリカの旅で感じたことを次のように記している。

遠くの地平線に至るまで、巨大な獣たちの群が見えた。〔……〕それは、もうずっとそうであったような世界であり、非存在の状態のうちにあった。なぜならついさっきまで、それが『この世界』である、と知る者は誰もいなかったのだから。私は、仲間がもう見えないところにまで離れていき、たったひとりいる、という感じをもった。そのとき私は、これが世界だと知った最初の人間であった。そして、実際は自分がその瞬間に世界を創ったこと、を知らなかったのである。〔……〕人間、つまり私が、目に見えぬ創造的行為で世界に完成を、すなわち客観的な意味を与える。人はこの行為を創造主に帰し、そのため、生命や存在を一つの計算されつくした機械としてみていることは考えもしない。(32)

つまりユングは、「私」の周りにある生命や存在は、全て本来意味を持たない物質――彼の言葉を借りれば「機械」――に過ぎないのであり、そこに「私」が客観的な意味を与えるという「創造的行為」によって、初めて世界を「完成」することが――世界を認識することが――できる、とアフリカのサバンナで実感したのである。(33)

一方、作家で実業家のロルフ・ドベリは、これとほぼ同じことを、「ストーリー」と「記憶」いう語を用いて、次のように主張している。

> 現実の世界に「ストーリー」はない。ルーペを手に一〇年かけて世界をくまなく歩き、石という石をひっくり返してまわっても、「ストーリー」はただのひとつも見つからない。見つかるのは、小石や虫や植物やきのこばかりだ。高精度の顕微鏡を持ち出してみれば、細胞や分子や原子や、最終的には素粒子まで見えるかもしれないが、それでも「ストーリー」は見つからない。〔……〕脳は、ひとつひとつの出来事をつなげて、コンパクトで筋の通った、因果関係のはっきりした「ストーリー」に仕立てあげる。〔……〕それを記憶として保存するのだ。[34]

単なる物質からなる現実世界や出来事を認識し記憶するためには、個々の脳が、それらをストーリー化＝物語化する必要がある――個々の脳内でストーリー＝物語を創作する必要がある――という主張である。

日本政府によるコンテンツツーリズムの定義における、「地域に」「物語性」を付加し「観光資源として活用する」[35]といった表現や、クローニスによるツーリズム・イマジナリーの定義における、「集合的な物語の結合構造」が「場所に付加されその場所を明確な観光目的地へと転換させる」[36]といった表現も、こうしたユングやドベリの言から考えてみると理解しやすい。〈単なる物理的空間〉としての〈地域〉を認識するためにはストーリー＝物語が必要なのだ。つまり、我々が認知する世界とは、我々自身が客観的意味を与えることによって初めて成立するものであり、意味を与えるためには、コンテンツ――すなわち、人間の脳が生み出す創作物としての〈物語〉、そして物語内容が生起する一つの世界としての〈物語世界〉――が必要なのである。

「幸福な空間のイメージ」の検討を行った哲学者のガストン・バシュラールも次のように述べている。

> 想像力によって把握された空間は、いつまでも幾何学者の測定や考察にゆだねられる無関心な空間でありえない。それはいきられる。そしてこの空間は、現実にではなく、想像力の特別の偏愛をうけながらいきられるのだ。(37)

「幾何学者の測定や考察にゆだねられる無関心な空間」＝単なる物理的空間、「想像力の特別の偏愛」＝イマジナリーによって、意味を持つ空間となる……と興味深いことにユングやクローニスと共通した主張が見られる。(38)

なお、こうした、〈単なる物理的空間〉としての〈地域〉を認識するためにはストーリー＝物語が必要だということを示す好例をひとつあげておきたい。それは、文化庁が二〇一五年から認定を開始している「日本遺産（Japan Heritage）」の取組である。この取組は、「地域の歴史的魅力や特色を通じて我が国の文化・伝統を語るストーリー」を文化庁が認定するという制度(39)であり、文化庁自身が「文化財版『クールジャパン戦略』」と呼ぶものである。(40)

この取り組みでは、「ストーリーの下に有形・無形の文化財をパッケージ化し」、その「ストーリーを『日本遺産（Japan Heritage）』として認定」することで「文化財群を総合的に活用する」ことを目指している。[41] こうした日本遺産の、地域に散在する〈点〉としてのヘリテージをつないで〈ストーリー〉を創出するという取組は、これまでの議論を踏まえれば、各文化財を単体としてのコンテクストからいったん脱文脈化し、それらをパッケージ化した物語として再文脈化することで、地域を〈物語内容が生起する一つの世界〉＝〈物語世界〉として認識できるようにする取り組みとして理解できよう。文化遺産の保全・活用においてコンテンツツーリズム的側面が強く見られる例であり、ヘリテージツーリズムもコンテンツツーリズム的側面から分析可能であることを示唆する好例である。

五　〈虚構の物語世界〉と〈想像の共同体〉

さて、ここで、コンテンツの虚構性について考えてみたい。これまで述べてきたように、コンテンツとは、人類によって作品の形で「創造・編集された情報内容」――平たく言えば、創作物としての〈作品〉や、その作品の〈物語世界〉、あるいは〈その構成要素〉――を指す語である。そしてそうした「コンテンツによって動機づけられた一連のダイナミックなツーリズム実践・経験」がコンテンツツーリズムである。[42]

ここで重要なのは、「コンテンツとは人類による創造物（創作物）」である、という点である。つまり、コンテンツとは、人類の脳が生み出した情報内容、すなわち〈虚構〉の産物であるのだ。したがって、コンテンツツーリズムは、〈虚構の物語・物語世界〉が〈現実世界での移動と実践〉を生む現象――「〈虚構〉を〈リアルに〉体験する実践」――なのである。[43] より踏み込んで仮説的に言えば、〈虚構の物語・物語世界〉を〈現実世界において〉「自ら身体的に経験」することによって「自らの主観を通した物語として再構築・内在化」（再文脈化）する実践である。[44]

ではこうした〈虚構〉という概念をどう理解するべきであろうか？　これもコンテンツツーリズム研究においてこれまで置き去りにされてきた論点である。この点については、近年の歴史学における ユヴァル・ノア・ハラリの議論に注目してみたい。というのも、ハラリは、著書 *Sapiens: A Brief History of Humankind* の中で、虚構[45]（fiction）の持つ力に着目し、人類史における「認知革命[46]」に関連して、次のような非常に興味深い議論を展開しているのだ。

ホモ・サピエンスはどうやって〔……〕何万もの住民から成る都市や、何億もの民を支配する帝国を最終的に築いたのだろう？　その秘密はおそらく、虚構の登場にある。厖大な数の見知らぬ人どうしも、共通の神話を信じることによって、首尾良く協力できるのだ。近代国家にせよ、中世の教会組織にせよ、古代の都市にせよ、太古の部族にせよ、人間の大規模な協力体制は何であれ、人々の集合的想像の中にのみ存在する共通の神話に根差している。〔……〕これらのうち、人々が創作して語り合う物語の外に存在しているものは一つとしてない。宇宙に神は一人もおらず、人類の共通の想像の中以外には、国民も、お金も、人権も、法律も、正義も存在しない。[47]

ハラリによれば、「認知革命」とは人類史において「七万年前から三万年前にかけて見られた、新しい思考と意思疎通の方法の登場」のことを指す。[48] つまり、「虚構」の登場が「人間の大規模な協力体制」を可能とし、それが人類史上の革命的転換点となった、という主張である。[49] さらにハラリはこう続ける。

> 認知革命以降は、ホモ・サピエンスの発展を説明する主要な手段として、歴史的な物語《ナラティブ》[50]が生物学の理論に取って代わる。キリスト教の台頭あるいはフランス革命を理解するには、遺伝子やホルモン、生命体の相互作用を把握するだけでは足りない。考えやイメージ、空想の相互作用も考慮に入れる必要があるのだ。[51]

ここで注意が必要なのは、ハラリが用いている「虚構（fiction）」という語が意味するところは、「嘘（lying）とは違い」、「物語のネットワークを通して人々が生み出す種類のもの（原文ではThe kind of things that people create through this network of stories）」であるという点である。そして、こうした「物語のネットワークを通して人々が生み出す種類のもの」を、「学究の世界では、『虚構（fiction）』、『社会的構成概念（social constructs）』、『想像上の現実（imagined reality）』」と呼ぶ、とハラリは指摘している。[52]

興味深いことに、このハラリの、「人々が創作して語り合う物語」[53]と「物語のネットワークを通じて人々が生み出す種類のもの」[54]という考え方は、前節までで述べてきた、人間の脳が生み出す創作物としての〈物語〉、そして物語内容が生起する一つの世界としての〈物語世界〉――すなわち〈コンテンツ〉――という考え方に一致する。つまり、ハラリの議論はコンテンツツーリズムに対しても適用可能であるように思われるのだ。

　いずれにせよ、こうしたハラリの主張が意味することは、人類が大規模な共同体を構築するためには、「想像上の現実」としての「虚構」が必要であった、「虚構」の「物語」がなければ人類は、社会や宇宙を含め、世界を認知できなかった――そして今でもそうであり続けている――ということである。言い換えれば、〈共通の虚構を信じる人々の集団〉が、共同体となるのである。ベネディクト・アンダーソンによる「想像の共同体[55]（imagined communities）」の概念も、前出のスタンリー・フィッシュによる「解釈共同体[56]（interpretive community）」という概念も、この文脈で本質的理解が可能であろう。さらに、こうした枠組みを整理していけば、コンテンツツーリズム研究におけるコミュニティとしてのファンダムの構成原理についてもより明快に説明することが可能になるように思われる。

　なお、虚構と物語の関係性については前出の物語論（ナラトロジー）分野や文学理論研究分野においても活発な議論がなされてきた[57]。ここで注意が必要なのは、ハラリの言う虚構はこうした分野における虚構の定義や議論とは厳密には同義ではないという点である。今回は紙幅の都合上、このあたりの議論は別の機会に譲ることとしたい。

六　〈文化遺産社会学〉と〈コンテンツツーリズム研究〉の接合面

前節では、共通の虚構を信じる人々の集団としての〈想像の共同体〉〈解釈共同体〉について触れたが、こうした共同体に関連して、文化遺産社会学分野において有用な議論がなされているので、ここで触れておきたい。なお、後述するように、同分野は、コンテンツツーリズム研究分野以外で、いちはやくアニメ聖地巡礼現象を取り上げた分野のひとつとして注目すべき学術領域である。

さて、文化遺産社会学分野では「ある対象や場所が機能的な『モノ』から展示・陳列されるものに変換されるプロセス」を「遺産化（heritagization）」と呼び、「仮に何かの役に立つという価値がなくてもただそれが存在し、人々に鑑賞されること自体が価値をうむ」のであり、「鑑賞すること、わざわざまなざしを注ぐことによって価値が生まれるというプロセスがある」とされる[58]。そのうえで、木村至聖は、アンダーソンの「想像の共同体」概念を引用しつつ、次のような重要な指摘を行っている。

　近代になって人々は伝統や社会関係〔……〕から自由になると同時に、生きていくなかで必要なさまざまな判断の基準を失い、不安に苛まれることにもなった。〔……〕こうした近代に生きる人々の不安を埋め合わせるように出現したのが、「想像の共同体」としての国民国家であり、その存立根拠となる「伝統の創造」であった〔……〕十九世紀後半には西欧社会で博物館設立ブームが起こり、それに続いて遺産の保護制度が整備されたが、それは国民国家による、国民が依って立つべき伝統＝過去の物語の再構築の試みだったのである。[59]

前節までの議論を踏まえれば、ここでの〈国民国家〉を〈ファンダム〉に、〈伝統の創造／過去の物語の再構築〉を〈虚構としてのコンテンツの創造〉と置き換えることが可能となる。つまり、ここでは、近代国民国家における〈存立根拠〉としての伝統の役割と同様に、現代社会の〈多様なコミュニティ〉における〈存立根拠〉としての多様な〈コンテンツ〉＝〈物語・物語世界〉の役割を論じることが可能になろう。この点に関連して、文化遺産社会学分野では次のようなさらに興味深い指摘がなされている。

荻野昌弘は、遺産化を引き起こす重要な欲望として「他者の生産・所有物を所有したいという欲望」があることを指摘し、これを「博物館学的欲望」と名付けている。[60] そのうえで、「アニメ聖地巡礼は［……］自己の営みをインターネット空間という巨大なデータベースに保存し、アップロード＝展示するという意味で、博物館学的欲望に牽引された行為」であり「博物館学的欲望」の「現代的展開と呼びうる現象」であると指摘しているのだ。[61] ここで荻野はアニメ聖地巡礼という現象の一側面しか論じていないが――当然のことながら、アニメ聖地巡礼はアップロード＝展示を目的とした行為とは限らない――、文化遺産社会学における議論とコンテンツツーリズム研究における議論の類似点や共有可能なアプローチを強く示唆している点で有用なものである。

さらに、文化遺産社会学では、遺産化プロセスを分析する際に、「脱文脈化」「再文脈化」という概念が用いられる。例えば、仏像が博物館に出陳される例をあげ、「モノが存する場所を貫いている意味、つまり文脈が変更され」(「原文脈から〈脱文脈化〉され」)、博物館において「ジャンルや時代別に」展示される(「新しい場の文脈へと〈再文脈化〉される」)、といった具合である。[62]

実は、この脱文脈化、再文脈化という作用は、コンテンツツーリズムにおいても極めて典型的に見られる。つまり、〈遺産化〉とは、「ある対象や場所が」脱文脈化され、再文脈化されることで、機能的な『モノ』から〈遺産〉に変換されるプロセスなのであり、〈コンテンツ化〉とは「ある対象や場所」あるいは「あるコンテンツ」が脱文脈化され、再文脈化されることで、新たな〈コンテンツ〉に変換されるプロセスとして理解できるからだ。このことは、例えばアニメーション作品の制作過程において、クリエイターがロケハンを行うことによって特定の風景や空間、要素を地域の文脈から切り取り(脱文脈化し)、そうした要素を再構築(再文脈化)することで作品化していくプロセスを考えれば容易に理解できよう。また、そうした作品の視聴者が、視聴した作品から特定の場面を脱文脈化し、舞台地を訪れることで自らの旅行経験の中に再文脈化していくという聖地巡礼の構造や、同じく視聴者が作品を脱文脈化し、二次創作作品として再文脈化する同人誌制作行為なども同様に理解できる。こうした考え方は、本章冒頭で定義を示した〈コンテンツ化〉の概念を説明する上で、非常に有効であろう。

ところで、ここで興味深い点に気付く。遺産化の定義で用いられた「機能的な『モノ』」という語は、前掲の虚構に関する議論で触れた〈単なる物質からなる現実世界や出来事〉と本質的に同義である、という点である。つまり、前掲の〈虚構〉に関する議論を援用すれば、遺産化もコンテンツ化も、それまで特別な意味を持たなかった対象や場所が、「人々が創作して語り合う物語」＝「虚構」を通して認識されるプロセスという点で本質的に共通するのである。つまり、敢えて批判を覚悟で言えば、コンテンツ化のうち、対象に〈遺産〉という特別な物語が再文脈化によってもたらされるプロセスを、特に〈遺産化〉と呼んでいると言えまいか。前述の日本遺産の例はそのわかりやすい例であり、遺産化をコンテンツ化の一形態と捉えることが可能であることを示唆しているように思われる。

このように共有できる議論や概念が多いにも関わらず、コンテンツツーリズム研究と文化遺産社会学研究は、現状、接合面を広げることができていない。この辺りも今後の大きな課題として提起しておきたい。

七 〈コンテンツ化〉のプロセスを理解するためのフレイムワーク

以上展開してきた試論を踏まえると、〈なぜ虚構の物語世界を追体験する実践としてのコンテンツツーリズムが、往々にして、地域のヘリテージの再発見・再評価・再構築につながるのか？〉という、今回のシンポジウムの大きなテーマに対する答えが浮かび上がってくる。すなわち、現代社会とは人々の価値観や共同体のあり方が多様化した社会である。このことは、従来の伝統が持つ社会的意味・拘束力が相対的に弱まっている＝従来の共同体構成員を結び付ける〈虚構の物語世界〉の力が弱まっていることを意味する。近代国民国家や伝統的地域社会、そしてそうした共同体によりオーソライズされた遺産という、〈近代が生んだ虚構としての枠組み〉が揺らいでいるのもそのためである。そしてこうした中、人々は世界を認知するための、そして、自らが帰属する多様な共同体を認識するための〈新たな虚構の物語世界〉を必要とする。

こうした文脈から考えると、コンテンツツーリズムの現場で起こっていることは、地域という空間において接合面を持った、以下二つの〈物語世界〉間での相互作用、それらに関連する二つの〈解釈共同体〉間での相互作用、として理解することができよう。すなわち、遺産という〈伝統的な物語世界〉とコンテンツという〈新たに創造された物語世界〉との間での相互作用であり、そして、遺産の解釈共同体としての〈伝統的地域社会〉とコンテンツの解釈共同体としての〈ファンダム〉との間での相互作用である。

こうした二つの解釈共同体が一つの空間でコンタクトすることで、それぞれの物語世界において〈脱文脈化〉と〈再文脈化〉が次々と起こる。そして〈対話〉によってふたつの共同体間に共通理解が進んだ場合、そこに、「利用可能な物語世界(63)(usable narrative worlds)」とそれを共有する新たな〈解釈共同体〉が生まれることもあるのだ。そしてツーリズムこそが――特定の空間において人と人、人とある対象との接点を生む現象・実践だからこそ――こうしたプロセスを推し進める原動力となっているのである。冒頭で述べた〈コンテンツ化(64)(contentsization)〉という語が意味するところは、メディアを横断したアダプテーションとツーリズム実践を通した、こうした〈脱文脈化〉と〈再文脈化〉による〈物語世界〉と〈解釈共同体〉の絶え間ない再構築プロセスなのだ。

こうしたプロセスについて、例としてアニメーション作品を取り上げ、以下、具体的に説明してみたい。

第一段階：クリエイターによる地域の遺産の脱文脈化・再文脈化

クリエイターにより、特定の空間や場所、風景や事象等が、ある地域の遺産——地域社会が依って立つべき〈過去の物語世界／伝統的な物語世界〉の文脈——から〈脱文脈化〉される。そして、アニメーション作品という新たな〈虚構の物語世界〉の構成要素として〈再文脈化〉される。その際、日本のアニメーション制作文化においてはロケハンというクリエイターの旅行実践が、物語世界の〈脱文脈化〉と〈再文脈化〉に大きく作用する。

第二段階：コンテンツ視聴者による身体的実践

作品の鑑賞を通し、視聴者は、作品を自ら解釈——作品の物語世界の持つ文脈を一端〈脱文脈化〉し、各自の記憶の下、〈再文脈化〉——する。その際、同作品への思い入れが強ければ強いほど、自らの記憶——自らの存立根拠としてのこれまで依拠してきた物語世界——に作品を統合しようとする。つまり、脳で虚構の物語を消費するだけでは充分でなく、より強く、物理的に自らの記憶に物語世界を残そうという身体的実践欲求が高まる。言い方を変えれば、〈虚構の物語世界であるが故に、自らが、より信じるに値する物語世界へと、それを再構築したいという衝動〉に駆られるのである。具体的にロケ地や舞台地がある場合は、そこへのいわゆる〈聖地巡礼〉行為、さらには絵馬を書（描）いて残すなどの現地での主体的・能動的行為として現れる。ロケ地や舞台地以外の、作品と何ら関係の無い場所であっても、虚構の物語を身体的に経験できる場所であれば、そこへの旅になるであろう。あるいは、コスプレをしたり、同人誌を作成したり、グッズを集めたり、という実践となる場合もあろう。いずれにしても、こうした実践を通して、作品は〈脱文脈化〉され、各自が持つ記憶の下、個人的経験を伴う〈物語世界〉へと〈再文脈化〉されていく。そして、こうした個人的経験を伴う〈物語世界〉に、他者と共有できる部分がある場合、〈解釈共同体〉としてのファンダムが形成される。コンテンツ関連イベントへの参加や、コスプレイベントでの合わせ（複数の人間で同じ作品の登場人物を演じ作品世界を再現すること）などで、共通の経験を伴えば伴うほど、共有可能な、経験を伴う〈物語世界〉が強化され、こうした〈解釈共同体〉の結びつきも強くなる。

第三段階：ファンダムによる地域のヘリテージの発見

第二段階における、〈虚構の物語世界であるが故に、自らが、より信じるに値する物語世界へと、それを再構築したいという衝動〉は、往々にして作品世界に関連する地域の遺産（過去の物語世界・伝統的な物語世界）を学ぶ、という実践へと展開する。例えば、『らき☆すた』がきっかけとなって鷲宮神社の由緒を調べたり、『戦国ＢＡＳＡＲＡ』を通してある武将に関心を持ったファンがその武将ゆかりの地を訪れ、武将の生涯や関連する歴史を学んだり、[65]『刀剣乱舞』がきっかけとなって日本刀や刀鍛冶、関連する神社について学んだり、[66]といった具合である。こうした実践は、自らが愛好するコンテンツをより信じるに値する――これを、より真正性の高い、と言っても良いかも知れない――物語世界へと再構築するために、地域社会の存立根拠としての伝統的な物語世界を部分的に借用・引用し、作品の物語世界を補強する行為として理解することができよう。アニメーションという新たな虚構の物語世界を、より身近に、現実的に感じられるようにするためには、そうした物語世界を〈遺産化〉＝〈伝統的な物語世界として再構築〉し、ファンとしての、ファンダムとしての存立根拠を強化しなければならないのだ。こうして〈地域の伝統的物語世界を引用した、ファンにとって、より信じるに値する物語世界〉が再構築されていく。岡本亮輔は、宗教施設の遺産化に関する議論の中で、「宗教施設を文化遺産とみなすこと」は「きわめて主観的な意味と価値が与えられた場を、より客観的・普遍的な基準から評価しようとする試み」であると指摘している。[67]宗教施設とアニメ聖地という違いはあるが、岡本の指摘は、ここで述べた、ファンによる場所への主観的意味付け、その後の伝統的な物語世界の引用、という実践にも本質的に適用可能な部分があり、注目に値する。こうした宗教学・宗教社会学的観点からコンテンツツーリズム現象を説明していく試みは、岡本によって先駆的に開拓され、体系化が試みられている。[68]コンテンツツーリズム論を補強していくうえで重視すべき接合領域として指摘しておきたい。

第四段階：地域社会による地域の遺産の再発見

一方、作品のロケ地や舞台地になった地域、あるいはロケ地や舞台地でなくても何らかの理由でファンが訪れるようになった地域において、地域住民は、上述したようなファンの実践行為を目にしたり、来訪したファンと対話したりすることによって、ファンの中で再文脈化された物語世界に触れることになる。さらにこのようにしてファンとの接点が生まれることにより、地域住民はファン来訪のきっかけとなったコンテンツについて知ることとなり、場合によってはコンテンツの視聴に至る。こうして地域住民は、〈クリエイターによってコンテンツの形で再文脈化された地域の遺産〉、〈地域の伝統的物語世界を引用した、ファンにとってより信じるに値する物語世界〉に触れることになる。こうしたプロセスは、地域住民にとって地域の遺産を再発見・再評価する機会となり得る。例えば、地域住民にとってありきたりの風景が、アニメーション作品の背景画として美しく描かれたことで、地域住民が改めて当該風景の美しさと大切さを実感する、という事例は、多くの舞台地で確認することができる。また、ファンの多くは地域住民に対して、いわゆる〈聖地〉に対する思いを——舞台地として愛する作品を生むきっかけを生んでくれてありがとう、という感謝の念から——熱く伝えることが多い。さらには、これまで地域住民からは地域の遺産として認識されていなかった対象も、クリエイターやファンによって物語世界に取り込まれたことにより、地域住民が地域の遺産として認識するに至る場合も多い。こうして、コンテンツとの接点、クリエイターやファンとの交流・対話が多くなればなるほど、地域住民による地域の〈遺産〉＝〈伝統的な物語世界〉の再構築（脱文脈化・再文脈化）も進むことになる。〈伝統的な物語世界〉の〈更新〉と呼ぶことも可能だろう。関係人口や交流人口が増すことで地域の遺産が再発見され保護・活用が進む、という、いわゆる観光まちづくり論における議論は、まさにこうしたプロセスを指したものである。例えば、『けいおん！』と豊郷小学校旧校舎[69]といった事例は、こうした、コンテンツをきっかけとした地域の遺産の再発見・再評価の典型例であろう。

第五段階：〈共有可能な物語世界〉の構築と新たな〈解釈共同体〉の誕生

以上のようなプロセスを通して、クリエイター、ファン、地域住民といった、本来別々の解釈共同体（規範やコードといった解釈枠組みを共有する集団）の間での交流・対話が促進された場合、新たな解釈共同体が形成されることがある。つまり、上述してきたように、異なる解釈共同体が一つの空間でコンタクトすることで、それぞれの物語世界において〈脱文脈化〉と〈再文脈化〉が次々と起こる。そして、交流・対話によってふたつの共同体間に共通理解が進んだ場合、そこに、共通の解釈枠組みが生まれ、〈利用可能な物語世界〉が構築されるのだ。それは、三者間の場合もあれば、クリエイターと地域住民の間である場合もあるし、地域住民とファンの間の場合もある。いずれにせよここで重要なのは、〈対話〉が起こるかどうかである。対話論を確立したのはミハイル・バフチンであるが、彼はドストエフスキーの小説を対象に対話論（ダイアローグ論）を展開した。そして、ポリフォニー（多声・多旋律）という概念を用いて、独立した異なる人格を持つ登場人物が対話を続けることで複数の視点が示されることの重要性を論じている。[70][71] 小坂貴志はバフチンの対話論を検討したうえで、日本のアニメや漫画が「他者によって対話的に発見された」[72] ことに注目、「バフチンの言う、他者によって自己が形成される対話的なアイデンティティーの形成の過程として、日本文化としてのアニメ・漫画の形成過程を分析することは有意義」[73] であると指摘している。この小坂の指摘は、解釈共同体間の対話にも当てはまるし、さらに拡大して考えれば、本稿で検討してきた〈脱文脈化〉と〈再文脈化〉による〈物語世界〉と〈解釈共同体〉の絶え間ない再構築プロセス全体を通して適応可能であるように思われる。例えば、『らき☆すた』と土師祭、[74]『あの日見た花の名前を僕達はまだ知らない。』と龍勢祭、[75]『花咲くいろは』と湯涌ぼんぼり祭り[76] といった、アニメ聖地において、コンテンツが地域の祭りに包摂され、新たな物語世界と解釈共同体が生まれた事例は、いずれも異なる解釈共同体間での対話が極めて重要な役割を果たし、新たな解釈共同体が生まれた好例であろう。未だコンテンツツーリズム論への対話論の導入は本格的に行われていないが、そもそも対話論が文学作品研究から発展してきたことを鑑みても、コンテンツツーリズム理論を補完していくうえで重要な論であると考えられる。

八　おわりに

二〇一〇年前後から本格化したコンテンツツーリズム研究は、コンテンツツーリズムという現象自体が、情報化した現代社会における新たな現象であるという位置づけの下、議論を進める傾向が強かった。したがって、古典的学問領域と切り離して議論される傾向にあったことは否めない。現在もコンテンツツーリズム研究の主流が、コンテンツ分析、ファン研究、まちづくり論であることの背景もその辺りにあろう。しかしながら、本稿で見てきたように、古典的学問領域において論じられてきたことは、コンテンツツーリズム現象にも大いに当てはまる。考えてみればそれは当たり前で、情報技術が高度化し、移動交通が高速化したとしても、旅をする人間の本質の多くは変わっていないのである。

本稿では、歴史学、言語学、文学、哲学、心理学、文化遺産社会学など、幅広い学問領域から、コンテンツツーリズム論に援用可能な議論や理論を、なかば随筆的に列記してきた。とりとめもない論になってしまったことをお詫びしつつ、読者諸賢の建設的批判を乞いたい。本稿で提起したいくつかの新たな視座が、コンテンツツーリズム論のさらなる体系化に、微力ながら貢献できれば筆者としてこれ以上の喜びはない。

【註】

（1） 国土交通省総合政策局観光地域振興課・経済産業省商務情報政策局文化情報関連産業課・文化庁文化部芸術文化課『映像等コンテンツの制作・活用による地域振興のあり方に関する調査報告書』、二〇〇五年。

（2） 『映像等コンテンツの制作・活用による地域振興のあり方に関する調査報告書』、四九頁。

（3） 増淵敏之『物語を旅するひとびと――コンテンツ・ツーリズムとは何か』彩流社、二〇一〇年。

（4） Beeton, S., Yamamura, T. and Seaton, P., "The Mediatization of Culture: Japanese Contents Tourism and Pop Culture," In J. Lester and C. Scarles (eds) *Mediating the Tourist Experience: From Brochures to Virtual Encounters*, 2013, Ashgate Publishing, Limited, pp. 139-154.

（5） Seaton, P., Yamamura, T., Sugawa-Shimada, A. and Jang, K., *Contents Tourism in Japan: Pilgrimages to "Sacred Sites" of Popular Culture*, 2017, Cambria press, p.5.

（6） 山村高淑「アニメツーリズムからコンテンツツーリズムへ」、山村高淑＆フィリップ・シートン編『コンテンツツーリズム――メディアを横断するコンテンツと越境するファンダム』北海道大学出版会、二〇二一年、一～二八頁。

（7） 国内外のコンテンツツーリズム研究の流れ、またそれを踏まえたコンテンツツーリズムの再定義に関する議論については、山村高淑「アニメツーリズムからコンテンツツーリズムへ」を参照。

（8） なお、日本の法律『コンテンツの創造、保護及び活用の促進に関する法律（平成十六年法律第八十一号）』第二条では、コンテンツを次のように定義している。「この法律において『コンテンツ』とは、映画、音楽、演劇、文芸、写真、漫画、アニメーション、コンピュータゲームその他の文字、図形、色彩、音声、動作若しくは映像若しくはこれらを組み合わせたもの又はこれらに係る情報を電子計算機を介して提供するためのプログラム（電子計算機に対する指令であって、一の結果を得ることができるように組み合わせたものをいう。）であって、人間の創造的活動により生み出されるもののうち、教養又は娯楽の範囲に属するものをいう」。

（9） Yamamura, T., "Introduction: Contents Tourism Beyond Anime Tourism," In T. Yamamura and P. Seaton (eds.) *Contents Tourism and Pop Culture fandom: Transnational Tourist Experiences*, 2020, Channel View Publications, p.9. 筆者訳。

（10） ジェラール・ジュネット、和泉涼一・青柳悦子訳『物語の詩学』水声社、一九八五年、一七頁。

（11） 秋元・小方（二〇一三、四〇一頁）は、このジュネットによる「語り」を、「語り手及び聴き手」による「物語を実際に生産する行為」と、さらに噛み砕いて説明している。秋元泰介・小方孝「物語生成システムにおける物語言説機構に向けて――物語言説論と受容理論を導入したシステムの提案」、『認知科学』二〇（四）、二〇一三年、三九六～四二〇頁。

（12） ジェラール・ジュネット『物語の詩学』、一九四頁。

（13） ジェラール・ジュネット『物語の詩学』、二〇～二一頁。

（14） Yamamura, T., *op.cit.*, p.9.

（15） 山村高淑「アニメツーリズムからコンテンツツーリズムへ」、二〇～二一頁。

（16） 大塚英志『見えない物語――〈騙り〉と消費』弓立社、一九九一年、二七頁。

（17） 大塚英志『見えない物語――〈騙り〉と消費』、三七～三八頁。

（18） 服部幸雄『歌舞伎のキーワード』岩波書店、一九八九年、一八頁。

（19） マーク・スタインバーグ、中川譲訳『なぜ日本は〈メディアミックスする国〉なのか』KADOKAWA、二〇一五年、二一頁。

（20） 山村高淑「アニメツーリズムからコンテンツツーリズムへ」、一五頁。

（21） Chronis, A. "Between place and story: Gettysburg as tourism imaginary," *Annals of Tourism Research* 39.4, 2012, pp.1797-1816.

（22） Salzar, N. and Graburn, N., *Tourism Imaginaries: Anthropological Approaches*, 2014, Berghahn Books.

（23） ジャン＝ポール・サルトル、澤田直・水野浩二訳『イマジネール――想像力の現象学的心理学』講談社、二〇二〇年。

（24） Salzar, N. and Graburn, N., *op.cit.*, p. 4, p.22.

（25）　Chronis, A., *op.cit.*, p.1809. 筆者訳。

（26）　Seaton, P. and Yamamura, T., “Theorizing war-related contents tourism,” In T. Yamamura and P. Seaton (eds.) *War as Entertainment and Contents Tourism in Japan*, 2022, Routledge, pp.4-6.

（27）　Fish, S., “Interpretive communities,” In J. Rivkin and M. Ryan (eds.) *Literary theory: an anthology*, 2nd ed., 2004, Blackwell Publishing, pp.217-221.

（28）　Seaton, P. and Yamamura, T., *op.cit.*, pp.6-7.

（29）　Fish, S., *op.cit.*, p.217. 筆者訳。

（30）　Seaton, P. and Yamamura, T., *op.cit.*, p.6.

（31）　Chronis, A., *op.cit.*, p.1809. 筆者訳。

（32）　アニエラ・ヤッフェ、氏原寛訳『ユング――そのイメージとことば』誠信書房、一九九五年、一六〇、一六三頁。（Jaffé, A., *C. G. Jung: Bild und Wort*, 1977, Walter-Verlag）。

（33）　アニエラ・ヤッフェ、氏原寛訳『ユング――そのイメージとことば』、一六〇、一六三頁。

（34）　ロルフ・ドベリ、安原実津訳『Think clearly――最新の学術研究から導いた、よりよい人生を送るための思考法』サンマーク出版、二〇一九年。

（35）　『映像等コンテンツの制作・活用による地域振興のあり方に関する調査報告書』、四九頁。

（36）　Chronis, A., *op.cit.*, p.1809. 筆者訳。

（37）　ガストン・バシュラール、岩村行雄訳『空間の詩学』筑摩書房、二〇〇二年、三七頁。

（38）　ガストン・バシュラール、岩村行雄訳『空間の詩学』筑摩書房、二〇〇二年、三七頁。

（39）　文化庁『日本遺産（Japan Heritage）』（日本語版パンフレット）文化庁、日付不明、一頁。https://www.bunka.go.jp/seisaku/bunkazai/nihon_isan/pdf/92879101_01.pdf（二〇二二年六月三〇日取得）。

（40）　文化庁「『日本遺産（Japan Heritage）』事業について」、二〇一五年。https://japan-heritage.bunka.go.jp/ja/img/about/nihon_isan_gaiyo.pdf　（二〇二二年六月三〇日取得）。

（41）　文化庁『日本遺産（Japan Heritage）』、一頁。

（42） Yamamura, T., *op.cit.*, p.9.

（43） 山村高淑「コンテンツツーリズムで読み解く拡張現実化する社会——拡張し続ける物語世界とツーリズム実践について」、山田義裕・岡本亮輔編『いま私たちをつなぐもの——拡張現実時代の観光とメディア』弘文堂、二〇二一年、五六頁。

（44） 山村高淑「コンテンツツーリズムで読み解く拡張現実化する社会——拡張し続ける物語世界とツーリズム実践について」、五八頁。

（45） Harari, Y. N., *Sapiens: A Brief History of Humankind*, 2011, Vintage, p.30.

（46） 原文ではthe Cognitive Revolution。Harari, Y. N., *op.cit.*, p. 23.

（47） ユヴァル・ノア・ハラリ、柴田裕之訳『サピエンス全史（上）』河出書房新社、二〇一六年、四三〜四四頁。（Harari, Y. N., *Sapiens: A Brief History of Humankind*, 2011, Vintage）

（48） ユヴァル・ノア・ハラリ『サピエンス全史（上）』、三五頁。

（49） ユヴァル・ノア・ハラリ『サピエンス全史（上）』、四三頁。

（50） 原文ではhistorical narrative。Harari, Y. N., *op.cit.*, p.42.

（51） ユヴァル・ノア・ハラリ『サピエンス全史（上）』、五五頁。

（52） ユヴァル・ノア・ハラリ『サピエンス全史（上）』、四九頁。括弧内の原文はHarari, Y. N., *op.cit.*, p.35に依る。

（53） ユヴァル・ノア・ハラリ『サピエンス全史（上）』、四四頁。

（54） ユヴァル・ノア・ハラリ『サピエンス全史（上）』、四九頁。

（55） Anderson, B., *Imagined Communities*, 1991, Verso.

（56） Fish, S., *op.cit.*, pp.217-221.

（57） 例えば、ジェラール・ジュネット、和泉涼一訳『フィクションとディクション』水声社、二〇〇四年（Genette, G., *Fiction et diction*, 1991, Seuil）、など。

（58） 木村至聖「〈遺産化〉とは——遺産研究と社会学的アプローチ」、木村至聖・森久聡編『社会学で読み解く文化遺産――新しい研究の視点とフィールド』新曜社、二〇二〇年、四～五頁。

(59) 木村至聖「〈遺産化〉とは――遺産研究と社会学的アプローチ」、六頁。

(60) 荻野昌弘「所有の欲望――人はなぜ文化遺産を欲望するのか」、木村至聖・森久聡編『社会学で読み解く文化遺産――新しい研究の視点とフィールド』新曜社、二〇二〇年、五六頁。

(61) 荻野昌弘「所有の欲望――人はなぜ文化遺産を欲望するのか」、五九頁。

(62) 小川伸彦「制度の作用――〈遺産化〉は何をどのように変えるのか」、木村至聖・森久聡編『社会学で読み解く文化遺産――新しい研究の視点とフィールド』新曜社、二〇二〇年、一三～一四頁。

(63) Seaton, P. and Yamamura, T., *op.cit.*, p. 6.

(64) Yamamura, T., *op.cit.*, p.9.

(65) 山村高淑『アニメ・マンガで地域振興――まちのファンをうむコンテンツツーリズム開発法』東京法令出版、二〇一一年、一九〇～一九四頁。

(66) Sugawa-Shimada, A. "Tōken Ranbu and samurai swords as tourist attractions" In T. Yamamura and P. Seaton (eds.) *War as Entertainment and Contents Tourism in Japan*, 2022, Routledge.

(67) 岡本亮輔「宗教施設――聖と俗との衝突の変容」、木村至聖・森久聡編『社会学で読み解く文化遺産――新しい研究の視点とフィールド』新曜社、二〇二〇年、一一四頁。

(68) 岡本亮輔『聖地巡礼』中央公論新社、二〇一五年。

(69) 山村高淑「歴史文化遺産に若者が集まる――旧校舎を核に交流型文化振興：滋賀県豊郷町」、『日経グローカル』二一二、五二～五三。

(70) ミハイル・バフチン、望月哲男・鈴木淳一訳『ドストエフスキーの詩学』、一九九五年、筑摩書房。

(71) ミハイル・バフチン、桑野隆訳『ドストエフスキーの創作の問題』、二〇一三年 筑摩書房。

(72) 小坂貴志『異文化対話論入門』、二〇一二年、研究社、二〇一頁。

(73) 小坂貴志『異文化対話論入門』、一九五頁。

(74) 山村高淑『アニメ・マンガで地域振興――まちのファンをうむコンテンツツーリズム開発法』、一五二～一五四頁。

（75）　中島学・山村高淑「秩父市×『あの花』タイアップの経緯とその後の展開年表」『アニメ・マンガの聖地サミット in 埼玉』配布資料、二〇一三年一〇月一九日、http://hdl.handle.net/2115/53428（二〇二二年六月三〇日取得）。

（76）　湯涌ぼんぼり祭り実行委員会・間野山研究学会『湯涌ぼんぼり祭り――アニメ「花咲くいろは」と歩んだ一〇年』、二〇二一年、parubooks。

コンテンツツーリズムと事業ノウハウ・人材・関係性の継承
――埼玉県の事例から

島田邦弘

一　埼玉県観光課　はじまりのとき

プロローグ

筆者が埼玉県におけるコンテンツツーリズムのお話をさせていただく際、聴衆の皆さんへたびたび以下のような問いかけをしている。

『埼玉県』に対してどのようなイメージをお持ちでしょうか。
――単なる東京のベッドタウン？
――何もないけどとりあえず暮らし易そう？

――都民や他の県民からディスられがち？（これは某芸能人や映画「飛んで〇〇」の影響かも……）

――まさか観光資源なんてないよね？

いやいや、とんでもない誤解です！

自然や歴史・文化史跡あるいはグルメといった王道の観光資源が豊富で、アニメ・マンガに代表されるサブカルにも気軽に触れられる多彩な魅力を持つ県なのですよ！　楽しみ方は人それぞれ。まずは、じっくり埼玉の魅力に触れてみてください(1)。

唐突な導入で恐縮だが、この問いかけこそが以下に述べる埼玉県観光施策の軌跡を理解していただく上で重要な意味を持っている。

埼玉県観光課の船出

さて、全国的な状況と比較した際に不思議に思うが、本県に「観光課」が設けられたのは二〇〇九年四月と比較的新しい。これ以前は、「観光振興室」という現在に比べて半分程度の小規模な組織が観光施策を担っており、当時はコンテンツツーリズムに関する取組はほぼ見受けられなかった。

そうした中、二〇〇八年九月に発生したリーマンショックにより日本経済全体が大打撃を受けていた状況下で、「B級グルメ」や「ゆるキャラ」などが新たな可能性を持つ観光資源として注目されるようになった激動の時期に、埼玉県観光課はその船出を迎えることとなった。北海道や京都、沖縄といった全国屈指の観光地を抱える自治体と比べると、いわゆる観光県としてのイメージが本県は薄く、観光予算額が全国的に見ても少額な状況もあり、いかに「埼玉らしい観光」をアピールするかという課題が課の設立当初からあった。こうした状況の中で、当時の課内では担当者同士の政策的な議論がよくなされていた。

第一に、「なぜ埼玉で観光振興に取り組むのか」という論点。これに関しては、少子高齢化が急速に進む中において地域活力を維持・向上するためには、定住人口に加えて交流人口の増加が強く求められていることが背景にある。さらには、観光は農業から流通、各種サービスまで関連産業が多く、その産業振興を図ることは県政の均衡ある発展を図るためにも大きな意義がある。

第二に、観光振興に取り組む意義があるとすれば、そもそも観光振興を図る上で、「本県の強み」は何かという点である。まず挙げられるのが新幹線や高速道路に代表される交通インフラが整い、抜群の交通アクセスを誇ることである。さらに、本県は首都圏四千万人もの巨大マーケットの中に位置しているという大きな利点がある。昨今は、身近な場所での観光を楽しむマイクロツーリズムが注目されるようになったが、わざわざ遠方から観光客を呼び込めなくとも、近隣都県から気軽に何度でも来訪してもらうことができれば、十分に大きな経済効果を生むことができる。

こうした強みを踏まえた上で、埼玉らしい施策展開を図るためのテーゼ（命題）を職員間で共有した。それは、〝とにかく尖っていこう！〟である。言い換えれば、「何がなんでも目立って、マスコミにタダで取り上げてもらおう。とにかく人々の話題になって本県に来訪してもらおう！」というかなり虫の良いねらいが根底にある。当然のことながら、旅行雑誌や新聞に広告を載せれば相応の掲載料が必要となる。しかし、ユニークな企画や取組を行えば自然に記事に取り上げられ、自ずと大勢の人の目に留まることとなる。観光予算額の多寡にとらわれることなく、まずは、「創意工夫を最優先で観光に向き合おう！」とする意志を表現した言葉でもある。

二　アニメとの出会い

アニメ「らき☆すた」の登場

観光課の設立より少し時を戻すと、二〇〇七年春ごろから県内の片隅である動きが生まれた。それは、非常にユニークで、思わずクエスチョンマークが頭に浮かぶような不思議なもので、しかし、よくよく眺めると心が温まるといった複雑な特性を持つ、まったく新しい観光の形であり、観光関係者以外にも衝撃を与えた。これこそがアニメ「らき☆すた」[2]がもたらした一大ムーブメントであり、その後の埼玉県における観光施策の方向性を決定づけるほどの衝撃を与えた。

本作品はもともと雑誌「コンプティーク」（KADOKAWA）の連載マンガが原作であり、二〇〇七年四月から九月までアニメが放映され爆発的な人気となった。主人公の双子の姉妹が神社の巫女という設定であり、埼玉県鷲宮町（現在の久喜市）に所在する鷲宮神社がモデルとなったことから、

鷲宮神社鳥居周辺の風景（提供：久喜市商工会鷲宮支所）

アニメが放映開始されて間もなく舞台地を大勢のファンが来訪するようになった。この機を逃さず、地元の鷲宮町商工会（現在の久喜市商工会鷲宮支所）が中心となって、地域とファンをつなぐ数々の仕掛けが展開され現在に至っている。

　なお、「らき☆すた」のインパクトを表現する指標として、鷲宮神社における正月三が日の初詣客数がある。アニメ放映直前の二〇〇七年の初詣客数は十三万人であったが、二〇一一年には四十七万人まで急増し、現在も同神社は県内屈指の人出を誇っている。

二次元インパクト「らき☆すた」が生んだもの

鷲宮町商工会が展開した取組には、学ぶべき多くのポイントがある。(3) 私が一番共感するのは、押し付けではなくファンの気持ちを最優先で考えたこと。加えて、地域を訪れたファンへ積極的に語りかけ、「何を求めて鷲宮にきてくれましたか？」、「地域が何をしたら嬉しいですか？」など、ファンの率直な気持ちを尊重した上で各種の取組に生かしていったこと。いわば、マーケティングの基本である顧客のニーズをしっかり把握するところから、自然な形で第一歩を踏み出していたのである。

また、地域住民とファンの交流を促す視点を入れながらこだわりのある事業を行ったことも特筆したい。たとえば、キャラクターの絵が刻印された桐絵馬型ストラップは当初十種類が販売されたが、一店舗で二種類までしか購入できないよう制限を設けた。そのため、全種類を揃えたいファンは必然的に町内の様々な店舗を巡ることになり、町内の商店主等と知り合う機会が劇的に増えた。本ストラップは第一次から第四次までの販売で約二万三千五百個が販売され、グッズがファンと地域をつないだ好事例となった。

さらに、地元料理を食べ歩く飲食店スタンプラリーも実施され、完走者には他の場所では入手できない地元限定グッズがプレゼントされたことから、ファンの胃袋も気持ちも同時に満たす魅力的な企画となった。こうした取組が積み重なることで、普段は接する機会がなかったアニメファンたちを地域が好意的に評価するようになり、ファン側からは鷲宮が自分たちを受け入れてくれる居心地の良い場所という認識が広まっていった。そして、「らき☆すた」だけではなく、様々なアニメやゲーム等の愛好家たちにとっても鷲宮がなじみ深い場所として認知され、いつしか地域自体のファンを生み出すこととなった。

桐絵馬型ストラップ（提供：久喜市商工会鷲宮支所）

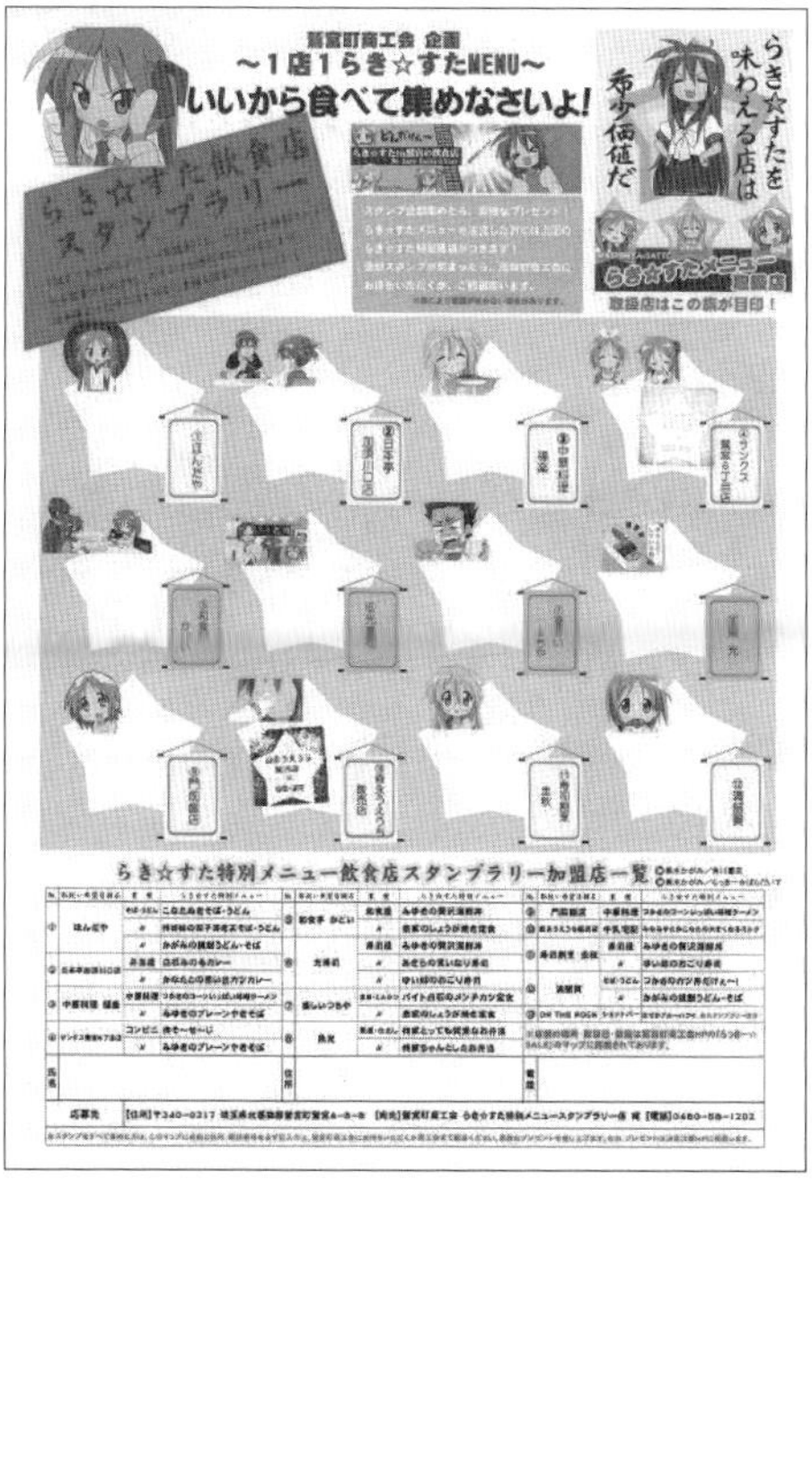

飲食店スタンプラリー（提供：久喜市商工会鷲宮支所）

以上のほかにも、各種のイベント実施に際して、ファン自身がスタッフとして企画段階から参画するなどの体制が構築されることでますます地域との距離が近付いていった。

絆の象徴「らき☆すた」神輿

次にファンと地域との絆の象徴として、「らき☆すた」神輿を紹介したい（別図3－1）。アニメ放映以前から、鷲宮神社境内には「千貫神輿（せんがんみこし）」と呼ばれる関東最大級の神輿が奉納されており、コロナ禍以前は毎年九月に行われていた「土師祭（はじさい）」で、関東一円から集まった担ぎ手により町内を練り歩くのが風物詩となっていた。ある日、祭りを取り仕切る地元の顔役がファンたちにこう呼びかけた。「どうだい、アニメの神輿を作って一緒に楽しまないかい?」。祭りは地域の歴史や伝統に根ざすものであり、地域によっては部外者を一切受け入れないケースもある。しかし、鷲宮の場合にはアニメを通じて縁のない地域を熱心に訪れ、マナーの良いふるまいを示していたファンたちを好意的に受け止め、前述の発言につながった。まさに、連綿と受け継いできた伝統と全く異なる価値観を地域が受け入れた証しとなった。

ちなみに、神輿の制作から担ぎ手の募集、さらには祭り当日の運行まで管理運営全般をファン自身が実行委員会を組織して担っており、現在もこのスキームが引き継がれている。この神輿の存在は「らき☆すた」ファン以外にも広く知られるようになり、二〇一〇年の上海万博では、日本の伝統とポップカルチャーの注目すべき融合例として登場し、各方面の注目を浴びることとなった。

三　観光資源・絆としてのアニメ

秩父市における動向

埼玉県内を見渡すと、鷲宮以外にも様々な場所がアニメ・マンガの舞台地やモデルとなっていることに気づく。一般社団法人アニメツーリズム協会が選定した「訪れてみたいアニメの聖地八十八」二〇二二年版[4]では、「あの日見た花の名前を僕達はまだ知らない。」（以下、『あの花』と表記。秩父市）や「神様はじめました」（川越市）、「ヤマノススメ」（飯能市）など九作品のゆかりの地が選ばれている。これ以外にも、世界的な知名度を誇る「クレヨンしんちゃん」（春日部市）をはじめ、県内の様々な場所が作品中に登場しており、コンテンツツーリズムの観点からは、本県は豊富かつ多彩な観光資源を有していると言える。

秩父市においては、前述した作品以外に「心が叫びたがってるんだ。」及び「空の青さを知る人よ」を合わせた、いわゆる秩父三部作の舞台となっており、作品制作サイドとも良好な関係性を構築している。全国的にもあまり例を見ない、同一地域を舞台にしたアニメが立て続けに生まれた背景には何があったのだろうか。

まず挙げたいのは、市観光課が事務局となり商工団体や鉄道事業者等で構成する、「秩父アニメツーリズム実行委員会」が中心となって、作品制作段階におけるロケハン対応やファン向けイベントの企画・実施、さらにはグッズ製作に関する版権調整などをきめ細かく対応したことである。これにより、制作サイドとの間に強固な信頼関係が構築され、地域ゆかりの作品が次々と生まれた。さらに、ファンの気持ちに寄り添えるよう同実行委員会が誠意を持って取組を行ったことにより、秩父市はアニメの聖地として全国的にも名高い場所となった。

また、秩父市はもともと温泉や豊かな自然環境、札所巡礼などの様々な観光資源を有する県内有数の観光地であり、従前から中高年を中心に多くの観光客が訪れていた。「あの花」の放映以降は、聖地巡礼を楽しむ若年層の観光客も増加し、幅広い年齢層を誘客できる場所へと変容してきた。街中にはキャラクターが描かれたフラッグが掲出され、聖地巡礼の案内役となる巡礼マップや地域限定のオリジナルグッズも制作されるなど、受け入れ体制を迅速かつきめ細かく整え、ファン主導の定期的なイベントも毎年開催されるようになっていった。こうした状況の中で、二〇一七年八月に新たな聖地巡礼の形と呼べるある取組が行われた。

「あの花」ゆかりの場所の中でも、特に有名なスポットとして「旧秩父橋」がある。残念なことにこの橋脚にはいつの頃からかアニメとはまったく関係のない落書きがペンキで書かれており、大切な場所が汚されていることを悲しむ声がファンから上がっていた。この声をしっかり受けとめ、アニメツーリズム実行委員会がSNSで清掃イベントへの参加を呼び掛けた。告知開始から一週間後のイベント当日、四〇人ものファンが集結し、真夏の厳しい日差しを浴びながら各参加者がまさに心地よい汗を流した。参加者からは、「自分の好きな場所を自分たちの手できれいにできて嬉しい！」、「ぜひ今

ファンによる聖地の清掃作業（提供：秩父市観光課）

後も続けてほしい」といった意見が多くあり、今ではすっかり夏の風物詩として定着している。

地域での出会いと役割

鷲宮と秩父の事例を比較すると、取組体制やアプローチの手法がかなり異なるが、一方で、ファン自身が地域活性化の重要な担い手になっていることが共通している。以前、関西方面から鷲宮を熱心に訪れているファンと出会った際、このような話を聞いた。「この場所に来たことで、共通の趣味を持つ素晴らしい友人たちと出会えた。馴染みのお店もできたので本当に居心地が良い。」さらに、ファンの中にはアニメの舞台地への愛着が高まってわざわざ移住した方もいる。

また、声優が出演するイベントにスタッフとして参加したあるファンの事にも触れたい。彼は当該声優の熱烈なファンでもあるのだが、イベント開催中はずっとステージに背を向けて観客の誘導や場内警備に専念していた。イベントの終了後、なぜ大好きな声優の姿を一切見なかったのか質問したところ、「自分がスタッフとしての役割をしっかり果たすことで、お客さんが楽しんでくれればよい。この空間にいられる事自体が本当に嬉しい」とさわやかな笑顔で答えてくれた。こうした人たちの存在が広まれば、地域との絆はますます強固なものとなるのに違いない。

鷲宮は聖地巡礼の先駆的な事例として有名であり、訪問客数の増大やそれに伴う経済波及効果がおのずと注目されがちである。日本政策投資銀行が二〇一七年に発表した調査レポート(5)では、地元への経済波及効果はアニメ「らき☆すた」放映開始からの十年間で約三十一億円に上ると試算している。この数値は非常にインパクトがあり、地域にとって喜ばしいものであるが、上述したようなファンとの絆を生み出したことも、地域活性化の観点から高く評価すべきものと考える。さらに、コンテンツツーリズムを成立させる上では、地域に愛着を持ち自らの役割を担ってくれる熱心なファンを、いかに自然な形で取り込めるかが大きな意味を持っていると断言できる。その実現こそが息の長いコンテンツツーリズムの推進に結びつくものと確信している。

四　アニメ地域振興における県の役割

目指したもの、基本的なスタンス

この項では、コンテンツツーリズムの推進を含め、アニメを活用した地域振興に関する県の役割について触れたい。筆者が県観光課の初代アニメ担当として在籍した二〇〇九年四月からの二年間、特に以下の点に留意して業務に向き合った。

第一に、鷲宮や秩父など特定の地域だけではなく、県全体でアニメを盛り上げようとする意識を持つことである。前述したとおり本県の様々な地域がアニメの舞台地等として取り上げられており、本県とゆかりの深い新たな作品が続々と登場している。このことはアニメファン以外には必ずしもあまり知られておらず、マスコミやSNS等による積極的な情報発信や、啓発イベントの開催等に取り組んだ。情報発信に当たっては、作品や舞台地としての紹介だけではなく、アニメの聖地で生まれている地域とファンの絆等にも可能な限り触れよう努めてきた。

あわせて、少しでも多く記者の目に留まり記事化してもらえるよう、プレスリリースの表題や本文中にアニメ等のタイトルや台詞をもじった（オマージュした）表現を意図的に盛り込んだ。その結果、リリースを出さない時でも、アニメ好きの記者がふらっと観光課に立ち寄ってくれるようになった。おかげで、個人的な感触としては記事化される割合（いわゆるヒット率）が向上したものと自負している。

また、当時はアニメを活用した地域振興の動きが全国的に見てもあまり定着しておらず、版権を管理する企業側にとっても、県や市町村といった自治体との接点が少なかった。たまたま事業PR用のリーフレットを作成するために、とある出版社のライツ管理部署へ連絡をとった際、「県庁の人がなぜうちに問合せてきたのですか？」と不思議がられた経験がある。昨今は、アニメ・マンガのみならずゲームも含めてまちおこしの題材として普通に活用されるようになっており、思い返すと改めて隔世の感がある。

第二に、制作サイドと地域とのつなぎ役を果たそうとしたことである。アニメツーリズム実行委員会が設立され、版権許諾のノウハウが蓄積されている秩父市のような事例はむしろ特別で、多くの市町村が版権ビジネスと関わった経験や、アニメ作品とコラボした実績を持ってはいない。ある日突然、地元が作品の舞台地となり訪れるファンが増えてくる。そのチャンスを地域が的確に掴み、制作サイドと連携しながらいかに地域活性化に結び付けるか、あるいは、いかにファンの方に喜んでいただけるかを考え実践していくことが求められる。その際の支援を行うのが、県としての重要な役割と認識していた。

また、第三として良きエバンジェリスト（伝道者）を目指していたとも言える。では、「伝えるべきこと」とは何か？　それは、一つには作品自体の魅力や、舞台となった場所及び関連する物品の紹介を交えた作品の楽しみ方の提案。あるいは、地域での取組の参考になるような「らき☆すた」や

埼玉県ゆかりのマンガ☆アニメ MAP（提供：埼玉県観光課）

「あの花」に関連する先進事例であり、その観点から、市町村や観光協会等の担当職員を対象にしたセミナー開催や事例集の発行・配布にも取り組んだ。

県観光施策上での位置付け

以上、観光課設立当初のスタンスについて述べてきたが、現在においてもアニメ施策は、本県ならではの観光資源を生かした施策として期待されている。

本県における観光づくりに関する施策展開の方向性や具体的なプログラムを示す、「第三期埼玉県観光づくり基本計画[6]（令和四年度〜令和八年度）」では、五つの主要施策のうちの一つとして「アニメの聖地化の更なる推進」が掲げられており、具体的な施策内容として以下のように記述している。

「〔……〕二〇一五年度からは、世界的に有名で春日部市にゆかりのある『クレヨンしんちゃん』を『埼玉観光サポーター[7]』として、国内外での本県観光のプロモーションに活用しています。そこで、アニメを核としたイベント『アニ玉祭（アニメ・マンガまつり in 埼玉）』やアニメの聖地を巡るイベント等を企画し、県内全域で展開するとともに、アニメと相性が良いデジタル技術を活用したバーチャルコンテンツの創出を行います。」

まさに手探りで取組を始めたアニメ施策が、他の主要施策と同列で県観光づくり基本計画に明記されていることは、初代担当者として非常に感慨深いものがある。

五　コロナ禍とアニメ施策の新たな展開

コロナ禍以前における県のアニメ施策

新型コロナウイルス感染症の拡大前における本県の主なアニメ施策として、前述した「アニ玉祭」と「埼玉×アニメ　聖地横断ラリー」を紹介したい。

「アニ玉祭」は、会場である大型コンベンション施設である「ソニックシティ」（さいたま市）のオープン二十五周年記念事業として企画され、二〇一三年に第一回が開催された。当初はソニックシティの管理運営を担う公益財団法人埼玉県産業文化センターと埼玉県の共催で行われたが、二回目以降は両者のほかにテレビ局、ラジオ局及び新聞社で構成する実行委員会により運営されている。第七回を迎えた二〇一九年までは、毎回三万人前後が集まる県下最大のアニメイベントとして定着してきた（**別図3－2**）。

このイベントは他の大型アニメイベントと異なり、商業ベースよりも「アニメと観光」をテーマに掲げ、「アニメと地域」の関係性にこだわっていることが特徴となっている。具体的には、本県ゆかりのアニメに焦点を当てた企画展示やステージショーのほか、企業・市町村等によるブース出展、クリエイターやアニメ地域おこしの担当者らを招いた聖地サミットなど多彩なコンテンツで構成されている。

また、「埼玉×アニメ　聖地横断ラリー」は県内鉄道事業者と連携して県観光課が実施した周遊型イベントである。ARアプリを活用しながら、アニメファンが県内を広く巡って楽しんでもらう仕組みとなっている。所定のチェックポイントを巡ると作品にちなんだオリジナルグッズを入手できることもあり、二〇一九年には約一万九千人もの参加者があった。

いずれも本県恒例のアニメイベントとして定着していたが、コロナ禍によって不要不必要な外出の抑制や人が密な状態を回避することが求められ、実施が困難な状況に陥ることとなった。

「バーチャルアニ玉祭」開催までの歩み

二〇二〇年四月、全国の感染症の拡大が収まらない中で、本県は緊急事態措置の対象となり東京都と同様に五月下旬まで対象地域から外れなかった。当時は感染症の先行きが見通せない状況下で、少なくとも積極的に人の移動を促すことは困難であり、イベント等の開催は見送るべきとの意見が多数を占めていた。その一方で、第八回アニ玉祭の開催を期待する声がSNS等で上がっていた。

こうした意見も踏まえながら、県や埼玉県産業文化センターといった関係者の間で開催の可否、その実施方法等について頻繁に協議が続けられた。協議の際には、「今だからこそできることは何か」を第一に考え、少しでもファンの気持ちに応えたいとの姿勢で臨んだ。くしくも、同年六月に県観光課ではバーチャル観光ホームページを職員が手作りで立ち上げた。これは、感染状況が落ち着いた際の予習的な意味で本県観光の魅力を知ってほしいとの思いが込められており、川下りや街歩きなどが

横断ラリーのチラシ（提供：埼玉県観光課）

体感できるVR（仮想現実）映像を集めたポータルサイトとなっている。この取組に対する反響も勘案して選んだ結論こそ、初の「バーチャルアニ玉祭」を開催することだった。

「バーチャルアニ玉祭」の状況

このイベントでは「アニ玉祭チャンネル」という名称のユーチューブチャンネルを立ち上げ、そこに多彩なコンテンツをぎゅっと盛り込んだ。主な特徴を挙げると、バーチャル空間の演出とその宣伝効果を生かすため、メインMCや各コーナーゲストとしてVTuber（バーチャルユーチューバー）を活用した。また、あたかも観光地にいるようなVR映像とVTuberのコラボ企画、さらには昨今、市場規模が急拡大中のeスポーツ特集コーナー等を用意した。

また、アニメクリエイターや地域のキーマンらを招き、なかなか普段は聞けない作品に対する思いや、舞台裏のお話しを熱くゆるく伺うコーナー「聖地サミット」を、オンライン形式で実施した。事前登録制のズームによる配信とし、延べ一五〇人が視聴した。当日は、ゲストとしてアニメ「弱キャラ友崎くん」の原作者である屋久ユウキ先生に出演いただき、ユーモアに満ちた語り口が大変好評だった。なお、同作品はソニックシティが所在する大宮駅周辺が重要な舞台となっていることから、アニ玉祭の終了以降に同地域を巡ってもらうラリー企画を準備していたが、感染症の影響により残念ながら中止となった。

なお、「バーチャルアニ玉祭」の効果としては、当日及び見逃し配信を含めて約五万件の視聴があ

バーチャルアニ玉祭のチラシ（提供：アニ玉祭実行委員会）

ったことをお伝えしたい。さらに、確認できただけでもＳＮＳの関連投稿が約二万件にのぼっており、バーチャルならではの反響の広がりを再認識した。ＳＮＳには、「今まで会場が遠くて行けなかったけど、今回は参加できてよかった」や「中止しないで、たとえバーチャルでも開催してくれて感謝！」というスタッフ冥利に尽きるありがたい意見も数多く見られた。

そして二回目のバーチャル開催へ

年が明けた二〇二一年、準備が間に合う直前のタイミングまでリアル開催を目指したものの、「第九回アニ玉祭」は二年続きのバーチャル開催となった。実行委員会の一同で前年の内容を再確認し、遊び心を持ってブラッシュアップする姿勢で取り組んだ。主な企画内容は以下のとおりである。

- 文化祭のノリで、アニ玉祭チャンネル配信終了後に後夜祭として、アニメ「ヤマノススメ」を一挙放送（一期から三期までの約六時間）
- 配信画質の向上等を期待して聖地サミットをニコニコ生放送で配信（蕨市が舞台のアニメ「さよなら私のクラマー」にスポット）
- 県観光課が実施するバーチャル観光大使オーディション(8)との連動番組
- Ｊリーグ「大宮アルディージャ」と連携したｅスポーツ選手権の開催
- アニ玉祭コラボ商品（県産品の地酒など）を県公式観光通販サイトで販売

「バーチャルアニ玉祭」の振り返り

改めて過去二回の「バーチャルアニ玉」を振り返ってみたい。まず、良かった点としては時間や場所を問わずに本県におけるアニメの魅力や取組を周知できた点がある。

そして何より、感染症の状況に左右されないで開催できることが大きい。

また、SNSの意見にもあったが、遠方の方にもアニ玉祭の魅力の一端に触れていただくことが可能であり、新たなファン層の開拓につながる。さらに、SNSを通じてアニメファン自身がイベントの広報マンとなってくれていることも大きい。

加えて、VTuberやeスポーツなどのコンテンツの可能性を再確認でき、これらを通じて企業やマスコミと新たなコラボ企画を実現することができた。

その一方で、バーチャル形式では地域の賑わいや経済効果の創出に結びにくいことが課題として挙げられる。この点は、今後、最も工夫が必要な点と認識している。バーチャルの良い部分をどのようにリアルイベントに転換していけるかが悩ましい。

さらに、アニメファンと地域、あるいはアニメファン同士が交流できる機会を生み出すことも必要と考える。例えば、バーチャルイベントと人数を限定したリアルイベントを掛け合わせたような手法も必要となるかもしれない。その上で、バーチャルイベント実施後にも効果を生むような仕掛けづくりができると良い。

これからも「アニメと地域」の初心に立ち返り、「アニ玉祭」のメイン会場だけではなく、舞台地を有するそれぞれの地域でファンが楽しめる取組方策も考え、言い換えれば、「地域とつながるアニ玉祭」を前面に出した運営をより一層心がけていきたい。

六　アニメとの付き合い方――アニメの聖地での学び

自治体担当者へ継承したい思い

自治体としてアニメ施策に取り組む際に、担当職員の人事異動は避けては通れない大きな壁である。ファンや地域、そして制作サイドとも長い期間にわたって良い関係性を維持するためには、担当職員のコンテンツ活用スキルや人的ネットワーク、そして熱意が必要不可欠である。担当者の人事異動を乗り越え、スキルやネットワーク等を継承していく効果的な方法が見つけにくいのが実情である。

筆者の場合には、前例がない中でアニメと向き合うこととなったため、自分自身が体感し、試行錯誤しながら発案した施策へ愚直に取り組むことができたため、逆に恵まれていたかもしれない。また、人事ローテーションにより県観光課を離れていた時期でも、ボランティアスタッフとして鷲宮や秩父市での取組に携わることができ、まさに聖地で色々なものを学ばせていただいた。

二〇一八年に筆者が課長として県観光課に戻ってきた時には、アニメに向き合う姿勢と思いを継承できるよう課内担当者へのミニセミナーを行った。特に伝えたかったのは以下の点である。

1、とにかく作品を好きになろう　作品をまずは読み込み視聴することがすべての始まり。作品の魅力を自ら感じ取れなければファンとの会話も成立しない。「好き!」という気持ちが、後々の取組を進める上での共通言語になるはずである。

2、末永く付き合おう　観光を含めた地域振興の取組は一時的な効果をねらうものではなく、アニメを活用したまちおこしはその最たるもの。たとえ自分が異動して担当を外れても、作品に傾けた思いがつながるよう努力してほしい。

3、ファンや地域の声に耳を傾けよう　この点は、本稿で記述してきたとおり鷲宮や秩父市の事例で既に実証されている。県や市町村といった自治体の種類や規模に関わらず、すべての担当者が常に意識すべき基本姿勢と考える。

4、仲間を増やそう(ファンや担い手など)　これは、県担当者としてだけではなく、地域からアニメ施策について相談を受けた際などに、必ず伝えてほしい視点である。この視点が達成されることにより施策効果が格段に向上するはずである。

そして何より強調したいのが——

5、スタッフ自身が楽しもう!　この視点が無いとファンや地域の人にも楽しさが伝わらない。

自治体職員という比較的固めの職場風土の中で、自分自身がいかに楽しみながら業務に向き合えるか実践する醍醐味を味わってほしい。

バトンをつなげる人々

前項では、多分に個人的な趣味や感覚に基づく意見が多くなってしまったことを、どうかお許しいただきたい。しかしながら、いずれもアニメの聖地で見聞きし感じ取った体験が基となっており、決して的外れなものではないと信じている。

二〇二二年、アニ玉祭は十回目となる節目の年を迎えた。これだけの回数を重ねてこられたのは、決して実行委員会だけの努力ではなく、快く作品の版権許諾をいただいたコンテンツホルダーの皆様、ブース出展やPR等に多大な御協力をいただいた企業や市町村及び関係団体の皆様。そして何より、作品を愛し、時には舞台地である地域のまちおこしまで献身的に支えてくれたすべてのファンの皆様のお陰であり、心から感謝したい。

さて、前年の聖地サミットで取り上げた「さよなら私のクラマー」については、蕨市や地域の商店主等が中心となってワークショップを開催するなど、いかに地域振興につなげるか、熱心な議論や取組が展開されている。(9) こうした動きが後押しとなり、前述の「訪れてみたいアニメの聖地八十八」二〇二二年版にも選出された。今後も、埼玉県ゆかりの作品は次々と生まれるであろうし、作品をきっかけとしたまちおこし活動がますます活発になることを心から願う。

「アニ玉祭」のメイン会場である「ソニックシティ」（提供：公益財団法人埼玉県産業文化センター）

コロナ禍はイベントの開催だけではなく、聖地巡礼の動向にも深刻な打撃をもたらした。こうした状況を踏まえ、バーチャル配信方式を採用したアニ玉祭ではあるが、ポストコロナに向けた新たな展開をしっかり検討し、従前と同様にファンらの交流機会等を生み出していければと考える。作品と地域への愛情を込めたバトンを、真心を込めて大切につないで地域の活力へと結び付けてくれる人々と、幸いなことに筆者は様々な機会で出会うことができた。そうした人々の疾走に対して心から声援を送り、時には良き伴走者としてそっと寄り添えるアニ玉祭でありたい。

[註]

（1）　埼玉県の観光情報については、埼玉県公式観光サイト『ちょこたび埼玉』を参照されたい。主な観光スポットやモデルコース、イベントの紹介のほか、手軽に県産品が購入できるオンラインストア機能も設けている。

（2）　アニメ「らき☆すた」は、漫画家の美水かがみ氏が雑誌『コンプティーク』（KADOKAWA）に掲載の四コマ漫画が原作の作品。主人公の女子高校生たちの日常が、コアなアニメファン向けのネタなどをちりばめて描かれたコメディで、二〇〇七年四月から九月まで全二十四話が放映され爆発的な人気を得た。

鷲宮神社はアニメのオープニングにも登場し鳥居が印象的な風景であったが、二〇一八年の夏に経年劣化により鳥居が倒壊してしまった。その後、地元住民や「らき☆すた」ファンなどから多額の寄付が寄せられ、二〇二一年一二月、目にも鮮やかな朱色の鳥居が再建され喜びの声であふれた。

（3）　「らき☆すた」を巡るまちおこしの動きについては、久喜市商工会鷲宮支所／えるる＠鷲宮氏によるサイト『鷲宮・らき☆すた聖地十年史』が非常に参考となる。なお、久喜市商工会鷲宮支所（旧鷲宮町商工会）ホームページでは、卒業論文や研究のための取材を商工会に対して検討している学生向けに同サイトを紹介している。

（4）　一般社団法人アニメツーリズム協会では、二〇一八年版より毎年『訪れてみたい日本のアニメ聖地八十八』を選定、オフィシャル化することで国内外に積極的な情報発信を行い、選定した地域に「アニメ聖地八十八認定プレート」と「ご朱印スタンプ」の設置を進めている。また、地域や企業、権利者、アニメファンの橋渡しとなってアニメ作品の世界観やキャラクターを公式に活用した商品、サービス、イベントの創出を促進し、さらなるインバウンドの増大や地域創生に貢献することを目指している。（同協会ホームページより引用）

（5）　株式会社日本政策投資銀行による調査レポート『コンテンツと地域活性化――日本アニメ百年、聖地巡礼を中心に』二〇一七年。同レポートではコンテンツ産業、中でもアニメ産業に特にスポットを当て市場規模等を概観するとともに、アニメツーリズム・「聖地巡礼」の先進事例を取り上げその成功要因を抽出している。あわせて、地域における経済波及効果やインバウンドへの期待等を分析している。

（6）　埼玉県では、二〇一二年三月に「埼玉県観光づくり推進条例」を制定し、本条例に基づいて「埼玉県観光づくり基本計画」（計画期間：二〇一二年度～二〇一六年度）を策定した。以降、五年ごとに新たな計画が策定され、最新は第三期計画となっている。現行計画では以下の三つの基本方針のもと、五つの主要施策を展開していくこととしている（計画全文は埼玉県ホームページで閲覧可能）。

基本方針一　ポストコロナを見据え、チャンスに変える
主要施策一　安心・安全で誰もが楽しめる観光づくりの推進
主要施策二　観光産業の持続的発展の促進
基本方針二　デジタル技術で創る・魅せる
主要施策三　デジタル技術を活用した魅力と利便性の向上
基本方針三　埼玉らしさを磨く・極める
主要施策四　アニメの聖地化の更なる推進
主要施策五　強みを生かした何度も訪れたくなる埼玉観光の確立

（7）　埼玉県では、同作品を観光パンフレット等に活用しているほか、「クレヨンしんちゃん」が埼玉ゆかりのアニメ・マンガや観光情報を紹介する「埼玉県アニメ拠点」を、舞台地である春日部市に設けている。また、市では二〇〇四年に旧春日部市の市制施行五十周年を記念して同キャラクターを特別住民登録した。さらに、「日本一子育てしやすいまち」づくりへの取り組みに「子育て応援キャラクター」として登場するとともに、「まちの案内人」として各種広報活動で活用している。

（8）　二〇一一年、埼玉県では最近のVTuberの人気や発信力に着目し、埼玉の観光を盛り上げるため埼玉バーチャル観光大使を募集した。一次選考を通過した五組の候補者を対象に視聴者投票が行われ、厳正な審査の結果「春日部つくし」が初代大使に就任した。バーチャル観光大使によるPR動画は、埼玉県公式観光サイト『ちょこたび埼玉』等で視聴できる。

（9）　「蕨さよクラ応援団」ホームページには、団体自身について次のとおり紹介する一文がある。「舞台になっている、日本で一番小さな市・埼玉県蕨市で、さよなら私のクラマーを応援し女子サッカーを応援するボランティアグループです。」主に市内の企業・商店関係者らで構成されており、作品の地域上映会やファンミーティングの開催といった意欲的な活動を通じ、市民有志の主導によるまちおこしを進めている。

地域ポータルサイト「西宮流《にしのみやスタイル》」の活動と継承

岡本順子

一　はじめに

本稿は、筆者が関わる地域ポータルサイト「西宮流（にしのみやスタイル）」（以下、西宮流と表記）に関連するこれまでの活動を振り返りつつ、その活動の継承をめぐる模索について綴るものである。研究者でない筆者は、開設して十六年目を迎える「西宮流」の編集に関わり続けた一当事者としての視点から、これまで自身が関わった取り組みを記述することしかできない。本書の編者でもある谷村先生の「これまでの活動の経験と継承に関する取り組みを紹介することとそのものに意味がある。」というお言葉に後押しされ、十六年を振り返りながら自らの考えを記したい。

まず、西宮流の活動の立ち上げから現在に至る流れを説明したうえで、筆者らが関与したコンテンツツーリズム関連の活動にふれ、さらには今後の「継承」に向けた取り組みと考えを述べてゆく。

二 「西宮流」の活動について

1 立ち上げの経緯

二〇〇〇年代、地方自治体はこぞって「地域ポータルサイト」を立ち上げていた。ポータルサイトとは「様々なコンテンツへの入り口」となるサイトのことで、その中でも「地域ポータルサイト」は、その地域の情報をまとめて発信しているサイトを指す。

西宮市は他市に少し遅れる形にはなったが、当時の産業振興課（その後、産業振興課と観光振興課に分かれ、現在は商工課と都市ブランド発信課へと名称が変更されている）のプロポーザル事業として「西宮市の観光と産業に寄与するポータルサイト」の募集が公開されたのが二〇〇六年の夏のことであった。

当時の西宮市の公式サイトが『日経パソコン』誌上で発表されていたe－都市ランキングで一位評価（二〇〇五年・二〇〇六年版）を受けるなど、西宮市は情報発信に力を入れていた自治体であり、全国からの注目度も高かった。しかし企業や事業者の情報や観光情報を発信し産業振興につなげるためのサイトの必要性から、産業振興課の事業として事業者が募集されることになったのである。

他市の状況を参考にしつつ西宮市が示したプロポーザルの参加条件は、大きく二つの特徴があった。

一、二社以上の複数社でチームを組んでエントリーすること。
二、複数社のうち一社以上は、西宮市内で営業実績のある会社が参画していること。

これらの条件には、西宮に縁や思い入れのある会社に関わって欲しいという狙いがあったのだろう。また、全国展開しているシステムでの画一的なサイト展開を避けたかったこともあったのではないか。今振り返ってみて、この条件があったからこそ「西宮流」というサイトが十六年の長きに渡って存続しえたのではないかと思う。

当時エントリーした八グループのプロポーザルの結果、筆者らに受託の内定があったのはその年の十月末だったと記憶しているが、そこから内容の手直し等の指導も入り、最終的にサイトの方針が決まったのは十一月の終わり頃だった。神戸のシステム会社と関西学院大学の学生ベンチャー起業家、そして現在も「西宮流」を運営している有限会社EUCサポートの三社が、手分けして二〇〇七年四月のサイトオープンに向けサイト構築とコンテンツの収集を始めたが、かなりのハードスケジュールであった。

二〇〇七年四月二十日にサイトが公開され、西宮市から三社で作った組合に対してサイトの無償譲渡の契約が交わされた。

2　立ち上げ後の運営の変遷

プロポーザル事業の受託が決まった後、サイト構築に向けての作業と並行して、立ち上げ後の組織についても担当部署と協議し、運営をＮＰＯにすると言う選択肢もあったが、最終的には行政からサイトを無償譲渡される受け皿として「組合組織」を作ることに落ち着いた。組合での運営が始まり、プロポーザルの条件であった補助金があった期間は、サイト運営の方針や発信内容などを議題として、産業振興課の職員が事務局となり、五名の産官学の有識者などで構成された運営委員会が年四回招集されていた。

この運営委員会も補助金の終了の時期（二〇一一年度）をもってなくなり、その後は民間の組合として運営してきたが、この時に立ち上げの三社のうち二社が手を引くこととなり、サイトをそれまでの .com から .jp へとドメインも変え、新しいサーバーに移行する大規模な改修となった。

サイト運営もしながらの準備期間を経て、二〇一二年秋にようやく nishinomiya-style.jp としてのリスタートとなった。

立ち上げ時のシステム構築を担っていた会社が、全国展開をしていたエリアブログのシステムを使っていたので、当初の「西宮流」では個人ブログも充実していた。この頃にブログを書いていた主要メンバーは、市内を足で歩いて情報を収集してきた筆者たちとは多くが顔見知りの関係性になっていたり、サイト運営にまで関わってくれる人が出て来たりした。このことはまさに「西宮流」の大きな特徴だったと言える。またこの時期はイベントにも積極的に出展するなど、サイトオープンのＰＲとともにサイトの中の人と読者がリアルでも交流するという、まさに地域密着の「西宮流」の編集スタイルはこの初期の頃にできあがっていった。

しかし、すでに全国展開していたエリアブログのシステムを元にサイト展開を考えていたシステム会社にとっては、市の担当部署や実際に情報を集めて発信する役目を担っていた筆者ら有限会社からの度々のカスタマイズの要求は、かなり想定外だったのかもしれない。

補助金終了のタイミングでシステム会社が離脱することになる少し前には、もう一社の学生ベンチャーの会社も、自社の本業から人や時間を割くことが難しかったこともあって、ほぼ同じ時期に組合を離れた。その後は、改めて市内で紙媒体の発行を主事業にしている有限会社「ともも」と組合を結成し直し、今に至っている。

この大きな変革の時、それまでシステム構築の経験がなかった有限会社ＥＵＣサポートがサイト運営を続けることができたのは、その当時、注目され始めていたオープンソースのプラットフォームであるWordPressが世に出ていたことと、編集室を担う筆者たちを応援してくれる人材のおかげだった。

この頃は、せっかく作り上げてきた西宮の情報発信をもう少し軌道に乗せたいという思いが強く、なにより市内を飛び回って取材することが楽しかった筆者たちは、その取材したことを素早く読者に届けたい!! という気持ちだけが大きかったように思う。

プロポーザル時に市が提示した「複数社のうち一社以上は、西宮市内で営業実績のある会社が参加していること」という条件が、「西宮大好き!」人間である筆者らに、図らずもこの大変革を乗り越えさせることになった。

新しいシステムによって、発信したい情報を持つ筆者たちが自由にページを構築できるようになった。業務の負荷が増えたことよりも、自由度が広がったことでの楽しさの感覚が勝っていた。この後も何度かプチリニューアルを繰り返しながら十五年が過ぎた。

最近は西宮にもWebメディアがとてもたくさん誕生する時代になった。これは十五年前には考えもしなかった流れであったし、地域の情報発信をするメディアがこれだけたくさんできたこともあり、「西宮流」は有限会社の立ち上げ世代の引退とともに終了するだろうと漠然と考えていたが、今はこの事業の継承を考えるようになっている。これについては、後にまとめたい。

さて、ここで「西宮流」の初期の事務局であり、ずっと編集室としてサイト運営を担ってきた有限会社のことに少し触れておこう。

有限会社EUCサポートは、今から二十年ほど前に「子供を持つ女性が在宅でも働ける仕組みを作りたい。」と、二人の女性が作った法人である。当初は個店の経理システムの導入・管理や店舗のWebサイト制作、パソコンのサポート、テープ起こしなどの業務内容が主だった。当時は食べログなどもまだ今ほど普及しておらず、ネットで検索しても西宮の情報がほとんど出てこない時代であり「市民の生活に密着した情報が欲しい。」と考えていたところにプロポーザルに誘われた。市外のシステム会社から声がかかったが、「市民の生活に役立つ情報を届けるサイトを作りたい。」と願っていたことが実現できるのならと参画し、今日までどちらかと言えば読者目線で発信してきた気がする。

市内の情報を取材し編集するという役割でスタートした時、その役割を担った筆者らは当時アラフィフ・アラカンという年代の女性二人が中心だった。なお、補足しておくと、筆者は、有限会社の立ち上げメンバーではなく「西宮流」事業のために参加している。筆者も含め、Ｗｅｂ制作の現場としては高年齢層の運営者でここまで継続してきたが、「西宮を大いに盛り上げるサイト」を目指した「西宮流」は、数年前に一時期自治体で流行った「シティプロモーションサイト」を先取りしてきたと思っている。

ネットでの仕事をしながらリアルなヒト・モノ・コトの情報が集積する立場になり、情報発信しながら産官学など様々なところで企画提案の機会も多くなっていった。現在、甲子園球場近くに位置する商業施設「ららぽーと甲子園」の中にある西宮市が持つ西宮市情報発信スペースが西宮流に市から無償貸与されており、そのスペースの企画運営をしているが、それまで筆者たちが漠然と考えていたコミュニティスペースのような形になって来ている。この活動も含め、次に西宮流の具体的な活動内容とそのねらいについて触れておきたい。

3　具体的な活動内容

先述のように、西宮市が地域ポータルサイトの立ち上げを決めたのは、市の公式Ｗｅｂサイトでは扱いにくい「観光」や「産業」などのいわゆる民間情報を、民間サイトで発信することが必要だと考えたからだった。その頃のポータルサイトの多くは、検索エンジンとしての玄関口としてニュースや天気予報も含めＲＳＳで情報を集めるタイプが主流であったが、西宮市の担当部署はもっとオリジナリティのあるポータルサイトを求めた。

市の担当部署も含めて、新しいサイトは「内に向けての発信か？」「外に向けての発信か？」というところは議論があった。当時は「インターネット＝世界に発信!!」という時代であった中で、ネットでありながらあえて内向きの発信と決めたのは、六甲山系をまたいで南北に長い西宮市の特徴もあり、なかなか足を運ぶ機会のない市内のことを、まずは市民に知ってもらって自身が住む西宮に愛着を持ってもらうことが狙いであった。西宮に愛着を持つ市民が多くなれば、自然に西宮のいいところが口コミで広がってゆく！　そんな丁寧な動きを大切にした。

しかしこの方針に従っての取材は大きな労力を要することになる。サイト発足時は季節ごとやコンテンツごとに特集も組みながら、人にフォーカスした記事を多く配信していった。「市井に暮らす西宮に愛着を持つ人は、地域の宝である!!」まさに、手間暇のかかるスタイルであった。その頃に作った甲子園特集は、全国区のコンテンツでもあることから、今の『ようこそ！　甲子園へ』へとバージョンアップした。

サイト発足当時は、担当部署の意向もありネットショッピングサイトも持っていたが、こちらはその営業までなかなか手が回らず早々に閉めることになった。「西宮ナビ」という市内の店舗のデータベースも、先述した.jpへの移行時期（二〇一二年秋）に閉鎖した。二〇〇六年当時は、西宮市内のお店情報が全国区の検索サイトではヒットしない環境であったが、その後は検索エンジンの精度も上がり食べログなど飲食をはじめとして、様々の検索サイトが全国を網羅するようになり、大都市でない西宮でも十分な情報を得ることができるようになってきたこと。加えてSNSなども広がり新鮮な情報を集め続けることの負荷もあって、それらの情報検索は大手のサイトにゆだねることを決めた。また、立ち上げ時のシステム会社が全国展開のエリアブログを運営していたことから最初は無料の個人ブログもあったが、これも.jpへの移行とともに切り離すことになり、今もエリアブログとしてその会社が運営している。.comから.jpへのサイト再構築は縮小した部分も多かったが、編集する者が自らサイトを作ることで自由度とスピード感は上がった。

子供を持つママたちが自らサイト運営した「ミヤママスタイル」や市内の街角にあるアートを集めた「まちなかアート」、市内のロケ地情報を集めた「舞台は西宮」などを独自コンテンツとして構築してきた。また、それらとともに、市のプロポーザルで立ち上がったサイトということもあり、市内の農業を扱ったサイト「あぐりっこ西宮」、西宮市に縁のある文学作品を集めた「西宮文学回廊」「ワークショップBOX西宮」などは行政部署からの委託事業として運営している。そのため、市のWe bサイトの「詳しくは……」と書かれたリンクから「西宮流」に飛んできていることも多い。こうして時間の経過とともに、市内の様々な情報を取材する中で集まってきたヒト・モノ・コトの情報をもとに、西宮市や商工会議所と組んで、冊子の発行やイベント企画なども手掛けるようにもなっていった。

さらには、大手前大学の地域連携の授業、関西学院大学社会学部のフィールドワークゼミとの連携であったり、旧船坂小学校の利活用を考える仕組み作りなど、産官学の協働事業などに参画することも多かった。

このような「西宮流」での情報発信以外の動きをまとめると、以下のようになる。

・西宮のお土産の開発（夙川舞桜の酒、夙川舞桜の最中、夙川舞桜のマカロン、西宮紅茶、西宮風景箱、絵葉書。なお、酒、最中、マカロン、紅茶の販売は現在は終了している）
・西宮のお土産のセレクトＷｅｂカタログの制作
・夏休み工作ひろば開催（三千人以上を集客する大好評イベントで、二〇一九年まで六年間連続で開催された）
・さくらシートの販売（現在は終了）
・フィンランドからサンタさんを招致（二〇〇八年）
・ＳＯＳ団in西宮に集合よ！（二〇一一年）

・SOS団in西宮に集合よ！　Ｏｖｅｒ♪（二〇一九年）
・長門有希ちゃんの消失　スタンプラリー（二〇一六年）
・坂本ですが？　スタンプラリー（二〇一七年）
・映画「阪急電車」（二〇一一）にロケハンから関わり、ツアーガイドも多数
・西宮市に関するマップや冊子制作（和菓子の冊子／西宮観光百選冊子／さくらやまなみバス小冊子／各種スタンプラリーマップ／健康ポイント事業のマップ／労政にしのみやなど多数）
・サイト制作（西宮商工会議所（終了）／フレンテ西宮／西宮観光協会／観光情報発信・うぶすな／西宮神社／神社会館／西宮山口／スタジモ西宮／卸売市場／きずなびＯＴＯＲＡ（終了）／さくらやまなみバス（終了）／西宮を花と緑にする会／あぐりっこ西宮／西宮文学回廊／ワークショップＢＯＸ西宮など）
・行政と連携した活動（さくらやまなみバス広報関連／旧船坂小学校利活用の仕組みづくり／卸売市場の利活用／フラワーフェスティバル／ロケ支援など）
・ららぽーと甲子園内の西宮市情報発信スペース（「クリエートにしのみや」）の企画運営
・ららぽーと甲子園に企画提案した「らら歩クラブ」
・西宮阪急立ち上げ準備のセクションへの企画提案
・西宮山口の有馬川緑道や船坂に彼岸花を植える活動

このような活動を通じて蓄積してきた情報は常にマスメディアにも注目され、「西宮流」の取材記事がプレスリリースのような役割も担っているようだ。また、二〇一九年の年末には全国の自治体と連携しているブリタニカのスクールエディションサイトの中で「地域の学習に役立つ情報リンク集」としてリンクもされ西宮市の教育にも役立てていただいている。

4　アナリティクスからみる「西宮流」の利用者の属性

ここで「西宮流」の閲覧者について少し触れておこう。二〇〇七年にサイトオープンした当初から、男女比ではほぼ半々。若干男性が多く、サイト滞在時間も男性の方が多いというのは、きっちり取材して読んでいただく記事を発信し続けて来たからではないかと考えている。

年代別に見ると、サイトオープン当初は閲覧者は五十歳以上の男性が一番多く、そこに四十代の女性が続くという構成だった。これはサイトスタート時に、市政ニュースで大きく取り上げられたこともあったと思うが、西宮の市民特性として「高齢者のネット活用率が高い」ということもあるのだろうと考える。というのも、京阪神間で手広く宅配事業をしている会社のエリアマネージャーが「高齢者のネット注文が一番多いのが西宮」とその頃教えてくれた。

この傾向が変わって来たのは「西宮流」をスマホ仕様に変えた頃（二〇一六年）からだった。閲覧者の年代が明らかに下がって来た。今では、①三十五〜四十四歳、②二十五〜三十四歳、③四十五〜五十四歳の順で四分の三近くを占めるが、二十五歳以下の層には相変わらず弱い（**図4-1**）。

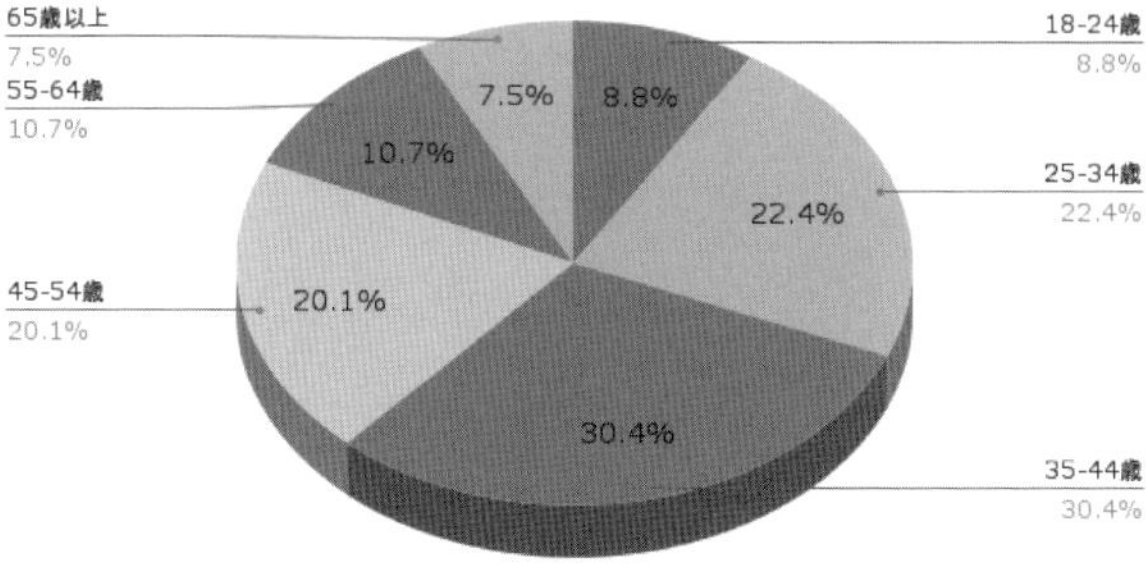

図 4-1　閲覧者の年代内訳

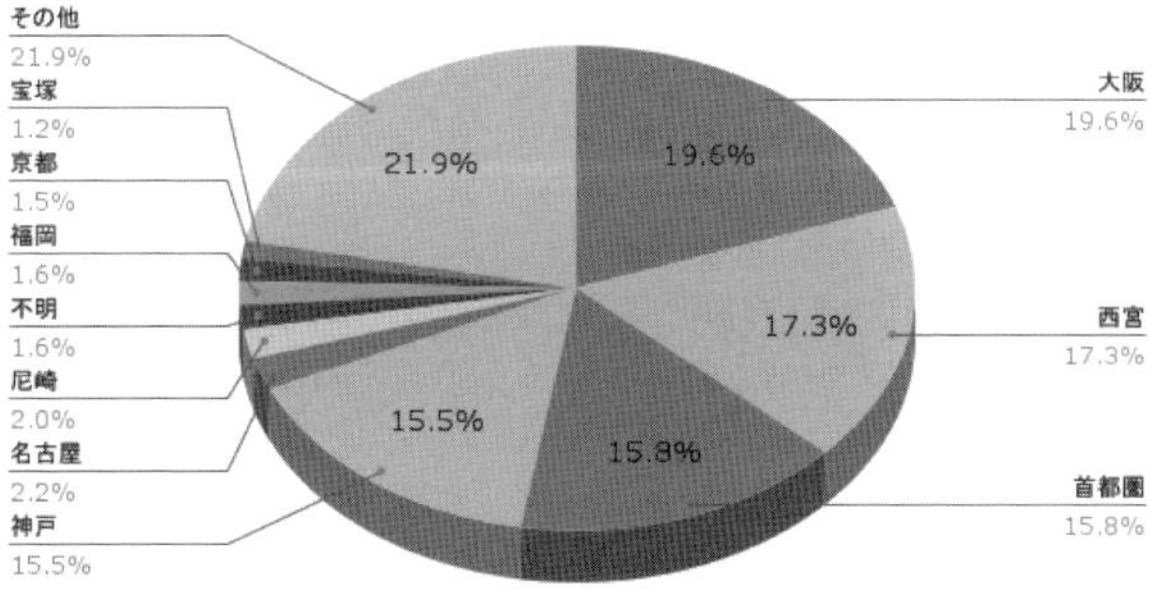

図 4-2　閲覧者のエリア内訳

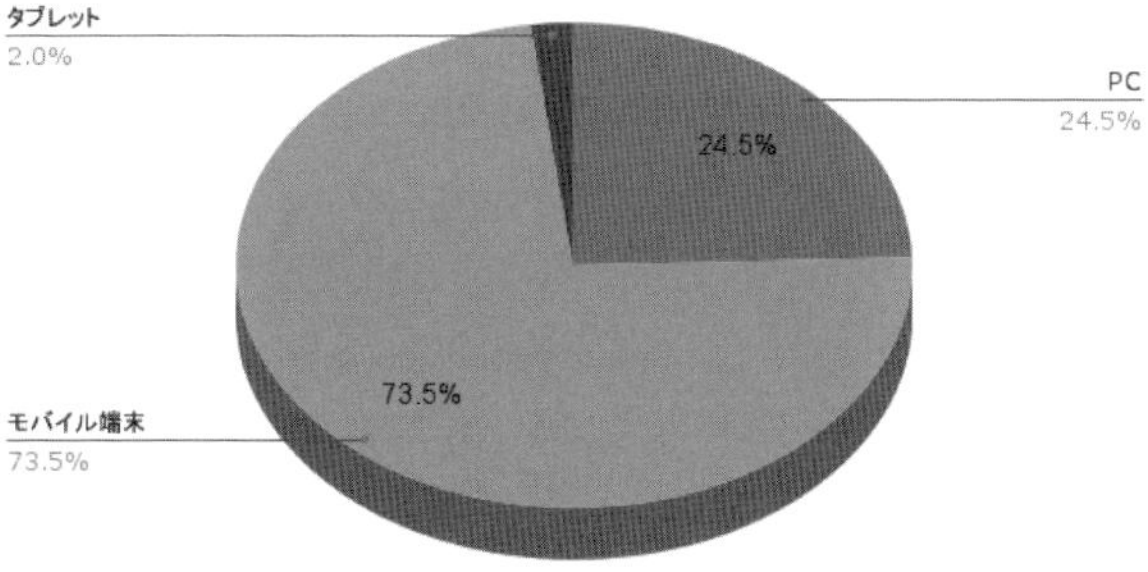

図 4-3　閲覧者の端末内訳

読者エリアは、立ち上げ当初はその大多数が西宮市民であったが、今では大阪・西宮・首都圏・神戸がほとんど並んでいる（図4－2）。西宮市が「住みたい街」ランキングなどで注目度が高まるほど、市外の読者が増えて来ていると思われる。また首都圏が多くなったのは、二〇一一年に封切られた映画「阪急電車」がきっかけになったように筆者たちは感じて来たが、元々大手企業の社宅が多かった西宮は人口の入れ替わりが激しい街で、また大学も多いことから西宮に縁のある方が首都圏に多くおられるということだと思う。今は離れていても西宮に縁のある方々が、西宮の今を知るサイトになっているのだと考える。

閲覧者の端末を見ると、モバイル対PCが3：1の割合。ネット検索の八割以上がスマートフォンと言われる時代にあって、西宮流はパソコン率が高いのではないかと思う（図4－3）。これは、西宮についてのキーワードを入れ検索した時に上位でヒットするサイトであることから、仕事上などでパソコンからの検索や閲覧も多いのではないかと考えている。

少しエピソードを添えておこう。日頃の取材活動の中で時にはマスメディアの方々と名刺交換する機会があるが「あ！　西宮流さんですか。いつもお世話になっています。」とあいさつされることが多い。先にも述べたが、マスメディアから「プレスリリースサイト」「西宮の情報の検索サイト」として役立てていただいていることはとても光栄だ。

三　「西宮流」とコンテンツツーリズムとの関わり

活動内容を紹介した際にも少し触れているが「西宮流」の特徴の一つかコンテンツツーリズムとの関わりが深いことだ。コンテンツの舞台を訪れる行動は、今では観光の一つの大きな柱と位置づけられている。西宮は古くより文学者が多く住み、文学作品の舞台でもあり、「西宮文学回廊」も企画運営している。谷崎潤一郎、井上靖、遠藤周作……と、数多くの作家が住み作品に残した街で、村上春樹は『猫を棄てる――父親について語る時』の中で、西宮の風景への熱い思いも書いている。

また映画やドラマの撮影も多い街で「舞台は西宮」「ロケハン西宮」に撮影秘話やその舞台をまとめている。二〇一一年に公開された映画「阪急電車」では、その撮影前からフィルムコミッションのような役割も果たし、映画公開後はロケ地巡りツアーのガイドも多く行った。しかし、なんと言ってもアニメ『涼宮ハルヒの憂鬱』の聖地としての注目度は桁違いとなる。

「西宮流」がスタートする前年の二〇〇六年に『涼宮ハルヒの憂鬱』のアニメ一期が、二〇〇七年には二期が放送され、二〇一〇年には劇場版『涼宮ハルヒの消失』が公開され、西宮北口のＴＯＨＯシネマでも限定上映が行われ、全国から聖地巡礼の人たちが西宮を訪れていた。休みの日には大勢の若者が来るそんな作品を「西宮流」の一つのコンテンツにしたいと考えたが、この作品の場合、出てくる場所の多くが住宅街の通学路であったり学校であったりしたことからも、当時の西宮市としては乗り気ではなかった。

そんな流れに大きな転機が訪れたのは、二〇一一年に当時の観光振興課と観光協会が女優の西田ひかるさんを観光大使に選び「まちたび博」という観光事業を始めたことだった（デスティネーションキャンペーン）。

それまでと違って「都市型観光」「着地型観光」を声高らかに始めた西宮市に対して筆者たちは「涼宮ハルヒの憂鬱」に関連したイベントを提案したが、当時はコンテンツツーリズムへの理解も得られず、「西宮はハルヒの聖地ではない。」とするKADOKAWAの見解もあり実現までには一年を要した。当時の観光振興課の職員と一緒に東京まで説明に出向いたこともあった。最終的に、西宮市のイベント「まちたび博二〇一二」のプログラムの一つとして「SOS団in西宮に集合よ！」を「西宮流」が企画することとなった。

ただし、この時はアニメ作品ではなくライトノベルの作品としての許可であり、聖地巡礼には繋げないという条件の元でのイベント開催であった。涼宮ハルヒシリーズの作品としてはなんの動きもない時期でもあり、少々遅きに失した感さえあったイベント開催であったので、企画した筆者たち自身もファンの反応に不安を抱えながらではあったが、蓋を開けてみるとこの作品への温かい応援の気持ちを持つ全国の多くのハルヒファンが、この初めてのイベントを大成功に導いてくれた。参加した多くのファンから大きな反響を呼んだのが、作者・谷川流氏からの西宮への愛にあふれたメッセージ文であったことをここに記しておこう。

そして、この時以来、西宮流のTwitterのフォロワーには可愛いアイコンが多くなっており、この時にできたファンとの交流は今も続いている。

それから時が過ぎ、国のクールジャパン政策の中で二〇一六年に一般社団法人アニメツーリズム協会が設立され、協会による「訪れてみたい日本のアニメ聖地八十八」の認定がなされるようになった。この「訪れてみたい日本のアニメ聖地八十八」とは、アニメツーリズム協会ウェブサイトで実施されるファン投票の結果に基づき、協会が毎年選定するもので、西宮市はその最初の年であった二〇一八年版（二〇一七年八月発表）から継続して選出されている。とはいえ、二〇一八年版の際は『涼宮ハルヒの憂鬱』のスピンオフ作品でありアニメ化もされていた『長門有希ちゃんの消失』の舞台としての選出で、『涼宮ハルヒの憂鬱』シリーズの舞台としての選出は二〇一九年版（二〇一八年十月発表）を待たなければならなかった。西宮市が正式に『涼宮ハルヒの憂鬱』の舞台として認定され開催した「SOS団in西宮に集合よ！Ｏｖｅｒ♪」（二〇一九年）でようやく「聖地巡礼」に

図4-4　イベント会場に設置された京都アニメーション応援募金箱

図4-5　「クリエートにしのみや」内展示のパネル

関連付けたイベントが大々的にできるようになった。七年ぶりの開催のスタンプラリーであったが、想定していた以上に中高生の参加も多く、改めてこの作品がファンの世代を広げている偉大な作品であることを実感するイベントとなった。

ただ残念なことに、まさにこのイベントが始まったばかりの時期に京都アニメーションへの放火事件が起きてしまった。「こんな時にイベントを続けていいのだろうか？」とも考えたが、募金箱を置くことで大きな被害を受けた京都アニメーションへのエールにしようと、筆者たちはファンとともにイベントを最後まで続けた（図4-4）。

公式に聖地と認定されたということは大きな出来事で、それまで作れなかったグッズがこの時をきっかけに誕生した。二〇一九年に「西宮流」と一緒になってイベントを企画した市内の印刷会社が、この時をきっかけに西宮でのハルヒ関連のグッズの取りまとめを行えるようになったことで、今後の展開にも地元密着がさらに進んでいきそうな予感がしている。

「西宮流」としても、独自開発しているダンボール製のアートクラフトの西宮風景箱シリーズに「ハルヒの時計台バージョン」を追加し、ハルヒ坂の特殊ポストカードも二〇一九年から販売している。また、二〇二一年には「西宮市情報発信スペース／クリエートにしのみや」の一角に、二〇一二年のイベントで使ったパネルを立て、聖地「北高」の教室を再現してファンをもてなしており（図４－５）、聖地巡礼のポイントの一つとなって来つつある。

地域ポータルサイトのこのようなコンテンツツーリズムとのかかわりについては、これまで多くの研究者の方の執筆やシンポジウム、また大学生の卒論などでも取り上げていただいている。

四　Ｗｅｂメディアと閲覧者のリアルな関係――継続と継承の資源

先にも書いたが、「西宮流」は市内の情報を足で稼ぐスタイルで始まっている。そして、市内を取材すればするほどそこでリアルな接点が構築され、Ｗｅｂメディアでありながら地域の閲覧者との結びつきが大きいサイトになっている。このスタイルができたのは、西宮市がちょうどいいサイズの自治体であったことが大きく影響していると考えているが、こうした労力のかかるスタイルを最初に選択したことこそが「西宮流」をここまで継続させてくれた気もする。が、ここで書いておきたいのは、その労力を楽しんできた人材がいたという事実である。「情報発信はＷｅｂで!!」といいながらも、一番強いのはやはり口コミだと言われており、適切な人材が適切な場所に介在することがとても重要だと十五年の活動の中で実感してきた。
ではここで、筆者たちがリアルな関係性を築いて来た実例を二つ挙げてみたい。

1　SOS団in西宮に集合よ！

先にも書いたが、二〇一二年秋に開催したコンテンツツーリズム関係の初めてのイベントは、当時の「まちたび博」の一プログラムでもあったことから、アクタ西宮や当時の夙川学院大学のゼミの協力も得ながら西宮市内の商業施設・アクタ西宮のオープンスペースに展示場所を作り、そこから市内を巡ってもらうという栞ラリーを企画した（別図4－1）。

イベント開催事務局として会場にいたが、Twitterで発信しながら移動するファンの行動を見守るという九日間であった。そこがスタートでありゴールでもあったので、ハンドルネームで発信しているファン同士のリアルな交流の場となり、筆者たち事務局もその仲間入りをさせてもらうことになった。それまでTwitter上でのみ繋がっていたシャイなファンたちが、その会場でリアルに名刺交換をしている場面を目にした時、まさに一つの文化が作られる瞬間のような気がした。

このリアルな交流が、イベント最終日にファンから筆者たちへの花束贈呈であったり、イベント会場の撤収作業を自らかって出てくれたりするという行動へと繋がっていったように思う。

この最初のイベントが、西宮市も関わる「まちたび博」であったために、当時の担当部署の職員もアクタ西宮の現場に何度か足を運び、実際にファンとの交流の現場を体感してもらっていたことが、その後のコンテンツツーリズム関連イベントへのスムーズな流れにつながっていったと考えている。

このイベントがきっかけで繋がったかわいいアイコンのフォロワーの中には、筆者たちがらぽーと甲子園のクリエートにしのみやに移ってからも、時折訪問してくれる関係になっている人も少なくない。

2 事務所の移転

Ｗｅｂサイトでありながら読者とリアルな関係性ができていた筆者たちは、市民と交流できるような場所での展開を徐々に望むようになっていた。そんな時に都市ブランド発信課からららぽーと甲子園にある「西宮市情報発信スペース・クリエートにしのみや」の利活用を打診された。それまでは西宮商工会議所の三階に、小さな事務所を構えていた。人がフラッと立ち寄るような場所ではなかったが、それでもリアルな関係性のあった方がよく相談などで訪れていた。

人と人が交流するところには情報の交換が生まれる。不特定多数の方々との交流に可能性を感じていたこともあり、二〇一四年四月からは「西宮流」の拠点をそこに移し、これまでの仕事に加えて「西宮市情報発信スペース」というオープンスペースを企画運営することになった（別図４－２）。

ららぽーと甲子園という商業施設の中にあるスペースとは言え、実際にはお手洗いに行くための通路に面しているという、なんとも微妙に奥まった場所にあることと、予算がついていないということもあって、二〇〇四年のららぽーと甲子園開業時より存在しながら、うまく活用できていない場所であった。担当部署から無償運営での使用許可を得て、毎年、活動計画を提出しこの交流の場を企画運営している。筆者たちが来るまでは、とても情報発信スペースとは言えない場所であったが、今では西宮の情報がぎっしり詰まっているスペースになっている。最初は「人をどうして呼び込むか？」「どうして情報を集めるか？」など課題は山積していたが、徐々にららぽーと甲子園の運営会社担当部署との関係性も築き、ららぽーと甲子園と西宮市をつなげたり、ららぽーと甲子園への企画提案もさせていただけるようになり、今ではららぽーと甲子園主催のイベントのスタートおよびゴール地点ともなって、日々百人以上の人が出入りするスペースとなっている。

今や、市政ニュースが配られるとそれに関連した問い合わせが入ったり、定期的にイベントのチラシを取りに来られる方も増え、お手洗いのついでに迷い込まれた方からは情報が充実していることに驚かれるスペースになっており、他市からの視察もある。

また筆者たちが集めた西宮に関する五百冊近い書籍（資料も含む）で、まちライブラリー活動にも登録している。

この情報発信スペースで、筆者たちは来られる方に様々な情報をお伝えするが、筆者たちもその場に居てお客様から情報を受け取ることも多い。「情報は人が運ぶ！」という事を実感しながらの日々はとても楽しい。おそらく、かなり珍しいスペースになっていると思うが、それも「西宮流」としてやってきたことの延長線上にあると思っている。

五　継承への模索

「西宮流」の活動に五十代後半から関わってきた筆者も七十歳を過ぎている。「西宮流の今後をどうしていくか。」この問題意識を持ちながら、二〇一九年末頃から「西宮流用語集」（二〇二二年十二月現在、「西宮ペディア」へと名称を変更）という新しいコンテンツを構築するようになっている。本節では、十五年以上の時間をかけて育ててきた地域ポータルサイトの「継承」に関する筆者の試行錯誤について紹介し、稿を終えたい。

1　「西宮流用語集」の立ち上げのねらい――記録の継承

二〇一九年の後半から「西宮流」の中に新しく「西宮流用語集」というコーナーを立ち上げた。「西宮の百科事典」のような内容を目指そうというねらいのもとで構築したものであった。あえて「西宮流」という冠を付けたのは、あくまで西宮流が取材の中で蓄積して来た情報と写真を中心に構成する辞典だという意味からだ。

ここ数年、全国展開するシステムでの支部としてのサイトも含めて、西宮にもWebメディアがたくさんできている。具体名を挙げていくと、「西宮経済新聞」「西宮つーしん」「号外ネット西宮」「西マグ」「マイぷれ西宮」などであるが、「西宮流」が誕生した頃には考えられなかった。「ライバルが増えて大変ですね?!」と言われることも多いが、他を意識することはあまりない。本来のサイト運営者としては失格なのだろうが、筆者たちが伝えたい記事を楽しくアップするだけの気持ちが未だに強い。「なんとなく自分たちの卒業とともにサイトも閉鎖する」と考えていた筆者たちにとっては、競争より「閉鎖のタイミング」について意識がいくようになって来ていたが、改めて他のサイトと比べて「西宮流」の役割を考えるきっかけになった。皆それぞれに特徴があり、更新の頻度では足元にも及ばないところもある。それでも、たった十五年ではあるが「西宮流」には確実に歴史があり、地域の記録になっているのではないか?　それこそが「西宮流」の価値ではないのか?　と思い至った。

地域の記録/記憶が集積したのが「西宮流」だと思った時、事務所のパソコンに溜まっている古い写真の活用法も見えてきた。「西宮流用語集」は二〇二二年八月時点で五百ワードほどであったが、内容が膨らんできたことから「西宮ペディア」へと名称を変更し、百科事典としての道のりを歩み始めた。確かにあった十五年の歴史は誰かのために残す必要があるのではないかとの思いで、この新しいコーナーを育てている。

2　地域ポータルサイトの「継承」に向けて

地域の記録/記憶が集積したのが「西宮流」である、と改めて思いながらの新コーナーがこの「西宮流用語集」なのだが、一方で、地域メディアに継承は必要なのだろうか?　収益化が難しいとされる地域ポータルサイトであり、まさに「西宮流」もサイトでの収益には苦戦している。そんなサイトを、誰のために残すのか？　誰が継承してくれるのか？

「西宮流」には、時々、思ってもみない問い合わせが飛び込んだり、出会いがあったりする。つい最近、筆者らがサイト運営をお手伝いしている「西宮山口」に北海道大学の先生からのコンタクトが来た。

「西宮市山口町の丸山のウラジロノキの花と花粉を採取させて欲しい。」

問い合わせを管理している筆者たちも驚いた。サイトにウラジロノキの記事があったわけでもなく、ただ丸山のハイキングコースの記事が目に止まっただけのようだった。それでも花や花粉を採取するためには、山の所有者の了解を得なければならず、丁寧なハイキングの記事を見つけた先生が「ここなら山の所有者にいきつくのではないか？」と考えられたからだと判明した。ハイキングの記事が植物の交配研究に役立つ……情報が持つ妙を改めて実感することになる出来事だった。

こんな経験もしつつの十五年ではあるが、確かに存在していた地域の記録を担った「西宮流」を残していきたい！　という思いが筆者たちの中に芽生えた。

巡り合わせとは本当に面白いもので、サイトの「継承」を望む考えが頭に浮かんできたころに、それまでもつながりのあった団塊ジュニア世代の宮っ子（西宮生まれの人をこう呼ぶ）のウェブコンサルタントが西宮に帰ってくるということになった。「西宮のアーカイブの役目も果している西宮流は宝物ですよ！」とサイトに高い評価を示してくれている彼女との再会がきっかけで、まだまだ現時点で詳細は決まってはいないが、「西宮流」の継承も前向きに検討を始めている。

「どんな形で、だれのために残すのか……」考えないといけないことはまだまだ多いが、大手の全国区の会社が運営しているのでもない、ちっぽけな地域密着のポータルサイトの継承というのは珍しい事例になるのかもしれない。


人に焦点を当てての取材スタイルでスタートした「西宮流」。あえて手間のかかるアナログな発信をしながら、様々なイベントなども企画し、情報発信スペースというリアルな場所も運営してきたが、いつもそこに介在する「人」の重要性をずっと実感していた。「人」が続けられないのであれば「その人の痕跡」を誰かのために残す!!

それが地域の情報サイトの役割かもしれない、と考えている。

コンテンツツーリズムと大槌町の記憶の継承

安藤彰紀

一　大槌町について

大槌町は、岩手県の中央部、釜石市の北、遠野市の東に位置しています。三陸沿岸部のほぼ中央、陸中と呼ばれる場所です。自然豊かな山野に囲まれ、漁業が主要産業であり、縄文時代の遺跡も発掘されています。町内には大槌川と小鎚川の二大河川が流れ、川の運ぶ砂が滞留し、長い年月を経た河口の三角州が現在の町中心部です。沿岸部ではありますが、面積比としては、町の大部分が急峻な山林になっています。

東日本大震災では、最大津波浸水高が二十二メートル、当時の人口の八パーセント以上にも及ぶ千二百八十六名の方々が犠牲となりました。この三月で震災から十一年が経ち、ようやく復興工事がほ

図 5-1　城山から見る大槌町役場付近

ぼ完了し、新しいスタートラインに立ったか、というところです。震災伝承については、協働地域づくり推進課に震災伝承班を置き、大槌町震災伝承プラットフォーム構想としてワーキンググループを開始し、忘れない、伝える、備える、の三つを柱に、今後の震災伝承はどうあるべきかという取り組みをしています。

一方、私の所属する産業振興課では、町内の多様な文化をコンテンツとして、商品化やツーリズム化することなどの手段により、その発展継承と商工観光の推進を図っています。

大槌町では、ウニやアワビなどの海の幸、松茸などの山の幸も採れますが、最も代表的な産業が鮭の漁獲です。大槌町は、およそ四百年前に新巻鮭（南部鼻曲がり鮭）を発明した、新巻鮭発祥の町とされています。古来より鮭が獲れ、平成の最盛期においては約七万トンの漁獲がありましたが、震災後は一万から数千トン級になり、令和三年度は四百トン弱までに落ち込んでいて、現状、産業が危機に瀕しています。

一方で、近年は文化産業に力を入れており、その取り組みのひとつが、町の観光大使としての「三陸♥おおつちPR大使」制度です。イラストレーターの兎塚エイジ氏、映画監督の大友啓史氏、元声優・歌手で実業家の佐藤ひろ美氏、タレント・歌手のはなわ氏、モデルの東あずさ氏、歌手のアンダーパス！ＭＩＫＡ氏に同大使に就任していただいています。

図５－１の丸で示した建物が、大槻町役場です。この写真、映画『岬のマヨイガ』を御覧になった方は、見覚えがあると感じていただけるかも知れません。

二　映画『岬のマヨイガ』

大槌町と映画『岬のマヨイガ』について、コンテンツツーリズムに関連する具体的なエピソードとして御紹介します。

同映画は大槌町を舞台のモデルの一つにしていただいており、株式会社フジテレビジョンの企画で二〇二一年八月に全国公開されました。

「マヨイガ」とは、柳田國男『遠野物語』に描かれた山中の不思議な家「マヨイガ」の物語がベースとなっています。その物語の一つは、大槌町の金沢地区から採集されています。また、今から四十年ほど前に、『大槌町民話』が編纂され、ここには古来から伝わる「河童伝説」が収録されています。

この後は、大きく三つの柱で説明をいたします。第一に、映画『岬のマヨイガ』に関連して大槌町でどのようにコンテンツツーリズムの取り組みをおこなったか、第二に、私たちが取り組んでいる「メディアミックス地域おこし」とは何か、第三に、今後の展望です。

1　大槌町と映画『岬のマヨイガ』

大槌町は、映画『岬のマヨイガ』のエンドロールに取材協力、設定考証協力、宣伝協力として名前を掲載していただきました。

取材協力としては、人物、団体、店舗、風景をロケーションハンティングの際にアテンド致しました。こうしたイメージは、劇中に描いていただいたものと感じております。図5-2は、東日本大震災当時、避難所となり、同映画の劇中のモデルの一つともなっている場所です。

設定考証協力としては、製作委員会から事前に御相談をいただき、当課や当時、震災対応にあたった職員、あるいは町長も含めて、考証において内容を確認させていただきました。

宣伝協力としては、大きく次のような協力をさせていただきました。

一、町内外の三十五団体が加入する「『岬のマヨイガ』を応援する会」の設立。

二、「コンテンツビジネス戦略事業部会」内に同会を設置。今回のシンポジウムに登壇された山村先生、島田先生、小新井先生を含む十四名の方に、特命顧問に就任いただきました。その他、実務家あるいは研究者の方にも、アドバイザーとして参画をいただいています。

三、特別列車（岬のマヨイガ号）の出発式、運行PR。

四、フォトポイントを町の各施設に設定し、ポスター・パネル・ファン交流ノートを設置しています。一部の交流ノートには川面監督が大槌町へお越しくださった際にメッセージを記入いただきました。また、部会員の店舗・事業所にはポスター・チラシを掲示し、PR。

五、映画のモデルの一つとなった場所の一般公開。製作委員会の監修をいただいた上で、舞台探訪マップも公開に合わせて制作、配布しています。

図 5-2　大槌町中央公民館

六、大槌町が構成団体の一つである公的な団体や、大槌町と縁のある神奈川県の湯河原駅前通り明店街さん等の大槌町を紹介してくださるスペースに、アニメの情報を昨年度から積極的に入れていただくようにしました。

七、大槌町立図書館に、『岬のマヨイガ』の原作・小説・映画ノベライズ、『遠野物語』と大槌町

図 5-3　大槌町立図書館内の『岬のマヨイガ』と『遠野物語』・大槌の民話特集コーナー

民話のコーナーを設置しました（図５－３）。『大槌町民話』にある河童の出現ポイントを示した地図などをあわせて掲示。

八、劇中で登場する「キツネマート」のモデルの一つである町内スーパーマーケット「シーサイドタウンマスト」では、中吊りポスターの掲示やオリジナルトートバッグ無料配布（現在は配布終了）等のコラボ企画を実施。

九、製作委員会の監修をいただいた上で、部会員である町内の小鎚神社を背景としたオリジナルポスター・クリアファイル・ポストカードを制作して、大槌町観光交流協会において販売展開しています（別図５－１）。

十、日本アニメーション学会・横浜国立大学主催のシンポジウムにて『岬のマヨイガ』の高瀬統括プロデューサーと共に、大槌町・大槌町観光交流協会も登壇させていただき、当町の応援事例を発表いたしました。

映画の公開後は、モデル地訪問、いわゆる「聖地巡礼」という形で、約六百名の方々に当町へお越しいただいています。これは大槌駅のみの計測のため、実際にはもっと多くの方にお越しいただいていると認識しております。特に、昨今の世情の中で、これだけ多くのアニメファンの方々にお越しいただけたということが大きいと考えております。

ファンの皆様にはぜひ、今後も大槌町へお越しいただきたいと思っております。

2　メディアミックス地域おこし

さて、そもそもなぜこのような映画、あるいはアニメ、あるいはポップカルチャーと大槌町がタイアップしているのか、ということです。先述のように、四百年続いてきた生活の柱となる鮭の漁獲が急激に減少していること、また、少子高齢化、東日本大震災による被災、そして今年はこの二年間のコロナ禍での激変があり、地域の存続に関わるこうした問題に対して、新しい対応策が必要です。そこで、町に人を呼び込む新しい手法として、しっかりとした戦略を立てた上でのメディアミックスを展開することによって、国内外から大槌町のファンを獲得することを目指すという、「メディアミックス地域おこし」の試みを開始しました。

まず、国の地方創生の一環として、二〇二一年の四月一日から二〇二四年の三月末までの、集中的な三カ年の重点計画を立てました。そして、先ほど紹介した大槌町観光交流協会の中の「コンテンツビジネス戦略事業部会」がベースとなり、この三カ年重点計画を町の商業者さんを含めて大槌が一体となって実行する取り組みをはじめました。

私たちの商工観光の側面から考えるコンテンツは、どのようなものと言えるのでしょうか。おそらく人間の趣味というものは全てコンテンツと言えるのではないかと考えます。その中で、エンターテインメントコンテンツ、例えば文芸、映像、演劇、音楽、舞踊、ゲームなどがあげられますが、このようなエンターテインメントをメディアミックスして展開します。

具体的にこの三カ年で何を実施するかとしては、町のPRアニメーション動画の制作、オンラインをメインとしたエンターテインメントイベント、DX推進の三本柱です。PRアニメーション動画としては、今年度、先ほど紹介した「三陸❤おおつちPR大使」である佐藤ひろ美氏プロデュース、主演・蒼井翔太氏によって、大槌駅イメージキャラクター「大槌カイ」を活用したアニメーションを制作中です。三月には第一作目を公開する予定で、私たち産業振興課も積極的に企画・制作に関わっています。

この取り組みを始めるにあたり、私は、一過性のブームを追うことは無意味だと考えています。アニメがブームだから、あるいは「聖地巡礼」がブームだから自治体でもやるのではなく、例えばアニメーションを作るのであればいいアニメーションを作る、スタッフ・キャストと協同して取り組む、そのようなコンテンツの制作をしっかりと達成しつつ、同時にそれをあくまで手段とすること、広くファンの皆さんに「大槌町、面白いね」と、大槌町に愛着を持ってくださる方を増やすための手段として活用することを第一とすべきです。作品を作って終わりではなく、活用・展開することが重要です。

農林漁業において、一次産業、二次産業、三次産業が一体的に推進されることを目指す「六次産業化」という言葉がありますが、言わば、今、私たちが取り組んでいるのは、文化の六次産業化です。コンテンツを作る、加工する、そしてそれをサービスとして販売する、PRするということを行っています。

そしてまた、なぜエンターテインメントかというと、担当者として、エンターテインメントは「文化的安全保障」になると考えているからです。つまり、文化的相互理解、国際友好親善ということです。いま、東欧のウクライナ問題などに見られるように、地理的に、あるいは経済的に密接な関係であっても、実権を持つ者同士の文化が異なると、やはり紛争が勃発してしまいます。紛争を避けるためには、文化間で相互理解する必要があり、エンターテインメントにはその力があるというのが、担当者としての想いです。

エンターテインメントコンテンツが、文化的相互理解において貢献する点としては、

一、自己を客観化させること
二、それぞれの立場を考えるロールプレイングになること
三、社会への風刺になること
四、現実から思考を飛躍させること
五、特にアニメにおいて、アニメーションイラストと音楽による言語を超えた表現力があること。

これらの特長をもつエンターテインメントコンテンツは、価値観を能動的に変化させる、人の特性を伸長する、心を充足する、この三つの力をそなえると考えます。したがって、エンターテインメントは、相互理解と継続的な友好関係の構築に役立つのです。

別図 3-1　ファンが主役「らき☆すた」神輿（提供：久喜市商工会鷲宮支所）

別図 3-2　コロナ禍以前（2019 年）の「アニ玉祭」風景（提供：アニ玉祭実行委員会）

別図 4-1　「SOS 団 in 西宮に集合よ！」（2012 年）イベントスペースの様子

別図 4-2　西宮市情報発信スペース「クリエートにしのみや」（2022 年 8 月）

別図 5-1　町内の小鎚神社が背景として描かれた『岬のマヨイガ』大槌町オリジナルビジュアル　©柏葉幸子・講談社／2021「岬のマヨイガ」製作委員会

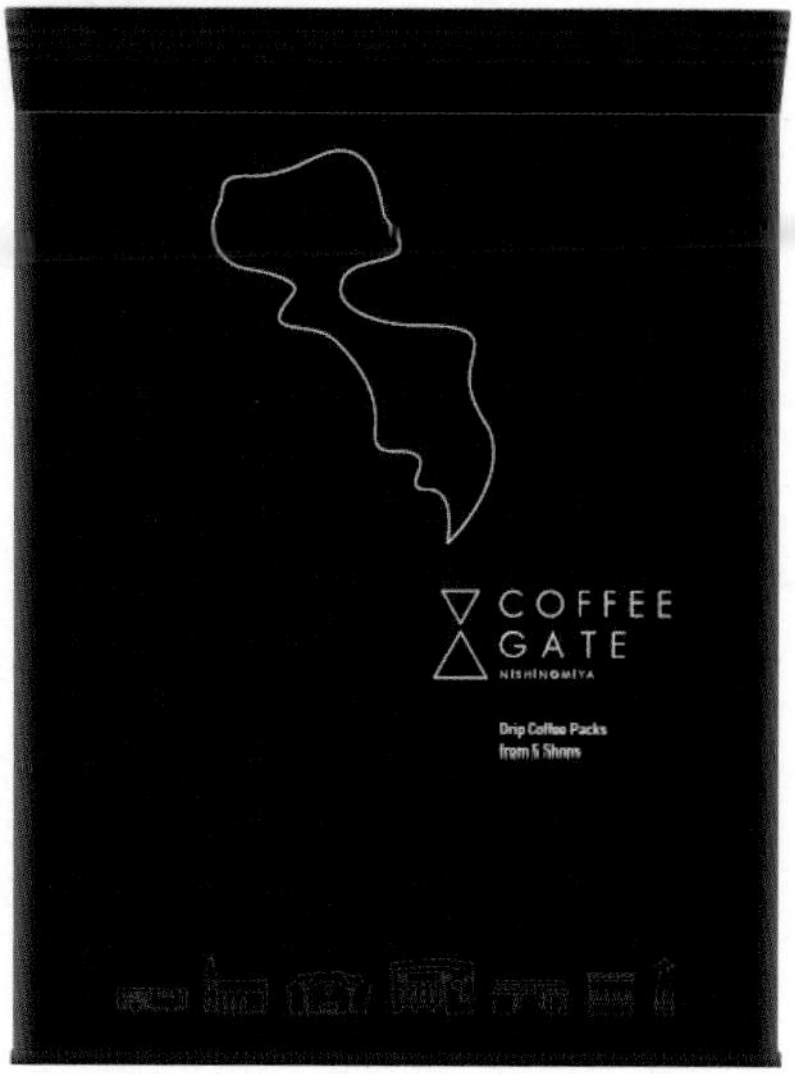

別図 7-1　学生が連携事業により制作した珈琲缶のデザイン

別図 8-1 韓国の東大門駅に掲出されたファン出資による『キンプリ』の広告（写真右, 2019年5月3日，筆者撮影）

別図 9-1 沼津市内の松浦酒店。店内では多くのファンアートが見られる（2022年5月29日，筆者撮影）

3　今後の展望

今後の展望としては、町として、作ったコンテンツをしっかりと活用すること、そして国内外との交流も行っていきます。大槌町は二〇二〇年の東京オリンピック・パラリンピック競技大会における台湾とサウジアラビアとの復興ありがとうホストタウンになっています。その由縁は、東日本大震災の際、台湾から十億円以上の支援をいただき、それにより町内の教育施設を復興することができ、サウジアラビアからは応急仮設住宅の入居者に対し、ＬＰガスを一部無償提供いただくなどの支援を受けたことからです。

また、先述の事業部会での特命顧問による講話などをいただきながら、町内でこれからの活動を担う人材の育成をしていく、そういった意識を持っています。

計画の達成のために必要なものは、協力者の共感と積極的な参加、工程の逆算と入念な準備、そしてこれまで誰も試みたことのない新しい分野に対しては、成功の確率の試算と決断力が必要です。また、加えて重要なのは、異なった才能を持つ人たちが出会うことによる人材の化学変化を起こすことです。そのために、通常の人生のレールの上では、本来出会わなかったであろう人々を出会わせること、例えばプロとアマなど、そういった人材を交差させて、突然変異や爆発的進化によって町の未来の可能性を広げる活動を行いたいと考えています。

三　おわりに

私自身も、特撮ファン、アニメファンでもありますが、ファンの人々がなぜ「聖地巡礼」や、聖地においてボランティア活動をすることに積極的なのかについて考えてみると、おそらく当初は趣味という自分の大事なこと、モノ、人のために頑張るわけですが、それが近年、特に二〇〇〇年以降の「聖地巡礼」やファン活動において、ファンと一般の方、例えば商店主さんとの交流というものが生まれ、自分の趣味が他者に貢献できるという意識や喜びに変化し、今では、自分の趣味を尊重してくれる場所、人、関係を見つけたからこそ、他の人のためにも活動に向き合っているのではないかと思っています。人間として尊重されているから、その場所やその関係に愛着を持っているのです。

結論としては、エンターテインメントコンテンツは未来を拓く重要なものだと考えており、だからこそ、大槌町の担当者として、今の事業を進めているところでございます。

事業継承を契機とする西宮スイーツ文化の形成

森元伸枝

はじめに

コンテンツツーリズムといえば、アニメの「聖地巡礼」に代表されるが、スイーツはコンテンツツーリズムに成り得るのだろうか。

まず「コンテンツツーリズム」とはどのようなものなのか。国土交通省・経済産業省・文化庁による『映像等コンテンツの制作・活用による地域振興のあり方に関する調査』に掲載されているように「地域に関わるコンテンツ（映画、テレビドラマ、小説、まんが、ゲームなど）を活用して、観光と関連産業の振興を図ることを意図したツーリズム」をコンテンツツーリズムとし、「コンテンツツーリズムの根幹は、地域に「コンテンツを通して醸成された地域固有の雰囲気・イメージ」としての

「物語性」「テーマ性」を付加し、その物語性を観光資源として活用することである」[1]ととらえられている。筒井（二〇一三）は、コンテンツツーリズムは「映画やテレビ、小説や漫画、アニメ等のさまざまな媒体の作品の舞台を巡る旅行」[2]を総称すると述べているが、その「媒体」や「コンテンツ」のつながりは、マクルーハンのことば[3]を借りると、人間の生み出した技術（テクノロジー）のなかでも純粋にコミュニケーションに用いられる媒体が「メディア」であり、そのメディアにより伝達する情報の内部が「コンテンツ」となる。一方、「コンテンツ」が法的定義よりもある種のビジネスの拡大のため、産業振興政策のための言葉として機能することが求められていたことも注目すべき点である。中川[4]（二〇一一）は、朝日新聞記事群にあらわれる「コンテンツ」という語の意味内容から、①「中身」「内容」といった英語の意味に加えて、コンテンツ促進法における意味の②「番組」、「作品」、③ファッションや匠の技といった「売りになる物」の三通りの利用が考えられるとし、商業性を志向した言葉として示している。

「コンテンツ」が映画やテレビ、小説といったメディアにより紹介され、集客を生む作品や番組のことを指すのであれば、スイーツもコンテンツと十分成り得、スイーツ産業はコンテンツツーリズムに成り得るだろう。

ここでは、コンテンツツーリズムによって得られた効果、例えば、地域住民の活動や地域経済の活性化が持続・継続するためには、どのようなしくみがどのような形で継承される必要があるのかを西宮のスイーツ産業、その西宮のスイーツ産業を含む神戸のスイーツ産業から考察していく。

その前に、「スイーツ」とは何を述べておく。一九九〇年代後半～二〇〇〇年代前半にかけて、関西ウォーカーや横浜ウォーカーといったグルメ本や女性雑誌で洋菓子職人がつくるケーキなどの生菓子を「スイーツ」という言葉で用いられはじめたのをきっかけに、ケーキ以外の洋菓子もスイーツと言われるようになった。やがて、和菓子をはじめ甘い菓子であればスイーツというようになる。コンビニスイーツ、百貨店で販売されるようになった大人をターゲットとした高級子供菓子（ポッキーやキットカット、かっぱえびせん）、さらには、外国観光客が増加するに従い土産菓子もインバウンドスイーツと呼ばれるようになった。今日では、菓子＝スイーツととらえられている。

ここでは、「スイーツ」は「ケーキを中心とした洋菓子」として用いることにする。

一　神戸のスイーツ産業

コンテンツツーリズムへのきっかけ

神戸のスイーツ産業が「コンテンツツーリズム」のきっかけとなったのは、一九七七（昭和五十二）年放送のNHK朝の連続テレビ小説『風見鶏』[5]である。全国放映のこの番組のおかげで、神戸の異人館通りは観光地化し、集客の機会を得ることになる。

ドラマの『風見鶏』は、大正時代末から昭和にかけて、日本人の女性がドイツ人と国際結婚し、パン屋を営んでいく波乱万丈の生涯の話である。その舞台は神戸で、海の見える山手であった。重厚なレンガづくりの洋館が建ちならび、石畳やガス灯のある異国情緒あふれるものであった。しかしそこでは、日本人も外国人とともに生活をしていた。ドラマの中に登場する神戸の人は、外国人のつくる本格的なパンや洋菓子を食べ、日常生活に異国の文化を取り入れて楽しむ人々であったため、神戸の人はハイカラだというイメージをうえつけた。

この『風見鶏』には、実在のモデルがいた。神戸の北野でパン屋を開いたドイツ人、ハインリッヒ・フロインドリーブとその妻であった。彼は、第一次世界大戦（一九一四）中にドイツ領の青島でパン職人をしていたが、職人であったにもかかわらず、捕虜として日本に連れてこられた。捕虜として広島の似島での捕虜収容所時代、一九一九年の広島県物産陳列館（現在の原爆ドーム）においてドイツの高い技術を披露するという「捕虜製作品展示即売会」に出品する機会があった。フロインドリーブはパンの腕前を披露し、収容所からの釈放後、愛知県半田町の「敷島パン」の主任技師に高給で迎えられた。その後、神戸で開業に至ったのである。

実は、この大正から昭和にかけての時期、第一次世界大戦やロシア革命、関東大震災の影響から、腕の良い外国人菓子職人たちが神戸で店舗開業していた。ドイツ菓子バームクーヘンで有名な「ユーハイム」やクリームやナッツ、洋酒を用いた純ロシアスタイルの高級ファンシーチョコレートやウイスキー入りボンボンチョコレートの「ゴンチャロフ」や「モロゾフ」が創業したのもこの時期である。この番組が放映されたときは、すでに「ユーハイム」「ゴンチャロフ」「モロゾフ」は神戸を代表する菓子として多くの人に知れ渡っていた。そして、一九七七年当時はまだ今ほど外国文化に触れる機会が多くなかったので、『風見鶏』は神戸で異国文化に触れたいと思わせるきっかけとなった。

一方、『風見鶏』の舞台であった北野の異人館の住民や商業者は、地域の保存や活性化に向けて本格化していった。

実は、神戸の市街地である旧居留地から六甲山麓の山手は、第二次世界大戦中の空襲によりほとんど焼失するという壊滅的な被害を受けた。かろうじて戦災を免れたのは、山本通から北側の北野町一丁目から四丁目に至るベルト状の一帯であった。[6] この北野異人館通りは、一九六〇（昭和三十五）年頃までは約二百棟の異人館が点在していた。[7] ところが、一九六〇〜七〇年代における高度成長期以降、次第にビルやマンションへの建て替えが進み、異人館街の破壊が進んだ。堀野（二〇一三）によれば、「昭和三十年代のホテルの建設、四十年代のマンション建設のブームを経て、五十年代にはいると良好な住宅地環境を背景にブティックや飲食店などの専門店が立地しはじめ、都心の三宮とは趣を異にする商業地としての性格を帯びる」ようになったのである。

しかしながら、この『風見鶏』のおかげで、住民や商業者が協力し、同年（一九七七年）から、「うろこの家」にはじまり、「風見鶏の館」や「萌黄の館」（当時は「白い異人館」）など異人館は次々に公開し、観光客を呼び寄せるしくみをつくった。

時を同じくして、行政も街づくりへと動き出した。

神戸市は一九七八（昭和五十三）年に都市景観条例をつくる。旧居留地のあったフラワーロード一帯[8]ならびに、異人館がたちならぶ北野・山本通りの異人館界隈を都市景観形成地域に指定し、街路整備や異人館や景観の保全活動を行うようになった。特に、北野・山本通りの異人館は伝統的建造物群保存地区に指定し、保存・修理に取り組むようになった。さらに神戸の街を一望できる北野・山本通りの異人館界隈は、遊歩道の整備、シティループの運行をするなどし、建物だけでなく、街全体を整備することで、観光地化を進めていったのである。(9)

この全国放映の番組『風見鶏』は、神戸のスイーツ産業がコンテンツツーリズムに成り得るきっかけを与えたのである。

コンテンツツーリズムの持続性

コンテンツツーリズムにおける課題は、コンテンツツーリズムによって得られた地域住民の活動や地域経済の活性化をいかに持続・継続させるかということである。

二〇〇六年、神戸の街に「神戸スイーツ・タクシー」が走った。近畿タクシーの企画で、ドライバーがガイド役となり、神戸市内の観光名所と神戸の中心街である三宮エリアにある複数の提携洋菓子店舗(「スイーツ・タクシー」プラン限定メニューがある)を案内するというものである。この企画が成り立つのは、例えば、雑誌やテレビ、メディアでは「洋菓子の街　神戸」として取り上げられてきたように、神戸のスイーツ産業が地域観光資源のひとつとなっているからだ。

「洋菓子の街　神戸」であるが、ここでいう神戸は神戸市という行政区画や駅名の神戸ではなく、神戸市、神戸市の東隣の芦屋市、西宮市もふくめる阪神間をさす。洋菓子店舗は、神戸港近くの旧居留

市	企業数（軒）	人口（人）	人口（万人）	人口１万人当たりの企業数（軒）
「洋菓子の街　神戸」	407	2,120,801	212	1.92
神戸市	313	1,535,454	153.5	2.04
芦屋市	19	96,748	9.7	1.96
西宮市	75	488,599	48.9	1.53
名古屋市	302	2,286,345	229	1.32
横浜市	294	3,719,589	372	0.79

表 6-1　「洋菓子の街　神戸」の店舗密度（著者作成）。人口は各市の市政情報を，企業数はNTT タウンページ（http://itp.ne.jp）を参照した（2016 年 2 月 15 日調べ）。

地跡、六甲山系の麓にある異人館通り（＝北野異人館通）、それらの界隈をつなぐ街並みが広がる三ノ宮・元町を中心に、西は須磨・塩屋（神戸迎賓館）という異人館や古くからの高級別荘地があったお屋敷の周辺（ジェームス邸）、東は「東の田園調布、西の六麓荘」といった高級住宅街に続く街なみに多く点在する。

その「洋菓子の街　神戸」の店舗密度（表６－１）を見ると、人口一万人当たりの軒数は、神戸と同規模の人口を持つ名古屋の約一・五倍である。また、同じ時代に開港し、海と山に囲まれた、すなわち地理的歴史的に類似している横浜は神戸より一・七倍の人口を持つが、神戸の方が約二・四倍の店舗密度を持つ。このことからも神戸には店舗が多いといえるのである。

つまり、神戸のスイーツ産業においてコンテンツツーリズムを持続させていることを可能としているのは、神戸という地域における洋菓子店舗の多さであり、その洋菓子店舗のほぼすべてが「おいしい」商品を提供し続けているということである。

持続性を生み出す要因——多様性

神戸のスイーツ産業の発端は、明治の開港とともに始まる。開港五港（横浜、神戸、函館、新潟、長崎）のひとつであった神戸は、欧州航路の基点[10]であったこともあり、外国人とともに本場ヨーロッパ菓子が流入した。

外国人が経営するホテルで提供されるフランス料理の流れからのフランス菓子だけでなく、アイスクリームやアメリカンキャンディー、ポップコーン、チョコレートボンボン、チョコレートヌガーなどが販売されていたが、"The Hyogo News"に広告として掲載されていることから、初期の菓子は外国人のためのものであったようだ[11]。

そうした洋菓子の原材料（小麦粉と卵、砂糖、はちみつ）を用いて自分たちで独創的な菓子を製造販売し始めた日本人もいた。一八七三（明治六）年に創業した「瓦せんべい」で有名な「亀井堂総本店」や小麦粉を水で溶いた生地で餡を包み四角形六法焼きにした「きんつば」を考案した「本高砂屋」である。彼らは、日本人になじみのある菓子に洋菓子の要素を加えた和洋菓子を生み出したのである。

神戸の開港は、厳密にいえば、他の四港より少し遅れた一八六八（慶応三[12]）年にはじまる。京都に近いことから朝廷の勅許がすぐに出なかったこと、本来開港されるべき港は古来より海運に栄えていた兵庫港であったが、すでに交通要所となっていた港は、開港反対の意見があがり、武力による阻止もあったことから、開港は兵庫の市街地三・五キロメートル東の砂地と畑地がひろがった寒村に築造されることになった。そうしたことから、開港とともに多くの欧米人が神戸に流入してきたが、居留地の造成整備は間に合わず、欧米人たちは居留地の外に住まざるをえなくなった。そのため、居留地周辺には、欧米人、日本人、欧米人の通訳等をしていた中国人[13]が一緒に生活をする空間、すなわち雑居地ができた。欧米の技術・文化、生活様式や習慣が純粋な形で流入する居留地の存在と異なる多くの国の人々の生活様式や習慣が存在するため、自国の文化や独自の生活スタイルにとらわれることなく、新しいものの考え方、行動様式などを的確に判断し取り込みながら、自分たちの生活様式に合った文化や様式へとつくりかえていった雑居地の存在は、神戸独特の文化をつくりあげていった。これは、神戸の洋菓子文化にも影響を与えていく。

一八九七（明治三十）年に「神戸凮月堂」を創業した吉川市三[14]は本場フランス菓子を製造販売する。彼はまだ多くの日本人がバター臭さなどから馴染めなかった洋菓子を日本人のためのフランス菓子へと作り上げていった。その代表的なものが今日でも神戸を代表する土産物となっている一九二七（昭和二）年に開発した「ゴーフル」である。

大正時代になると前述したように、「ユーハイム」、「フロインドリーブ」、「モロゾフ」、「ゴンチャロフ」といったドイツ菓子やロシア菓子などの店舗が開業する。

さらに、第二次世界大戦時には戦争のために船が軍に徴発されたため、日本郵船など大型客船[15]で活躍していた料理人たちが馴染みのある港に上陸し、レストランや菓子店を開業していった。その一人西義弘は「ユーハイムコンフェクト」を開業した。

第二次世界大戦後は高度経済成長期というのも相まって、神戸には数多くの洋菓子店舗が出現する。大阪万博の時期には、スイス菓子「エーデルワイス」や「ハイジ」といった店舗も出現し、神戸では、さまざまな国の洋菓子を味わうことができるようになった。また、菓子の味は当然ながら、内装や外装、雰囲気にこだわった店舗「アンリ・シャルパンティエ」や高級感を醸しながらも手軽である「ケーニヒスクローネ」など個性的な店舗も現れるようになった。

神戸の洋菓子業界の変遷は次のようにまとめられる。

【明治時代】居留地には、欧米の技術・文化・生活システムが純粋な形で導入される一方、雑居地は、自分たちにとって有効であると判断したものを取捨選択したため、多様な生活様式・習慣の場となった。

フランス菓子……神戸開港（一八六八年）とともに流入。華美、高級感。代表的な店舗は、オリエンタルホテル、凮月堂。

和洋菓子……洋菓子原材料から見よう見まねで製作。洋風の和菓子。代表的な店舗は、本高砂屋、亀井堂。

【大正時代】フランス菓子＋ドイツ菓子＋ロシア菓子によって、神戸の洋菓子文化の基盤ができる。

ドイツ菓子……関東大震災（一九二三年）の後に流入。素材を活かした豊富な生地。代表的な店舗は、ユーハイム、フロインドリーブ。

ロシア菓子……ロシア革命（一九一七年）の後に流入。ウィスキーボンボンチョコレートをはじめとする宮廷菓子。代表的な店舗は、ゴンチャロフ、モロゾフ。

【昭和時代】神戸独自の洋菓子文化が創作・発展する。

日本郵船系菓子……第二次世界大戦後（一九四五年）に流入。日本郵船の厨房で腕をふるっていた職人たちによる菓子。代表的な店舗は、ユーハイムコンフェクー。

スイス菓子……万国博覧会（一九七〇年）後に流入。ヨーロッパ各国の良いところ取り。代表的な店舗は、エーデルワイス、ハイジ。

戦前から戦後にかけて出現した店舗が百貨店など全国に販売網を持ったことで、神戸の洋菓子店は多くの人に知られるようになった。名前が知られた店舗には、数多くの修業希望者が入ってきた。彼らは東京テレビの『TVチャンピオン』に参加・優勝したり、国内外問わずさまざまなコンテストで優勝したりしながら、神戸で独立開業していった。その結果、神戸の街には、高い製造技術をもった洋菓子店舗が数多く存在することになった。

神戸のスイーツ産業がコンテンツツーリズムを持続することができている要因は、コンテンツ、すなわち、話題性を生む店舗が地域内に絶えず発生するようなしくみをつくっていることである。

コンテンツを生み出すしくみ——産業の担い手の育成

神戸の洋菓子産業は、前述しているように明治の開港とともにはじまり、「洋菓子の街　神戸」として全国に知られるまでに成長してきた。これを可能にしたのは、洋菓子製造職人（親方）が、おいしい洋菓子づくりができる職人を再生産し（独立開業させ）、より多くの洋菓子職人が神戸という地域で生き残る（店舗経営し続ける）ことができるしくみをつくってきたことである。そのしくみは、①独立志望者の雇用、②鍛錬とともに行われる人材選抜、③仲間ネットワークの形成、④不文律の存在、⑤不文律遵守のためのネットワーク、の五つの枠組みから見ることができる。

まず、①独立志望者の雇用であるが、店舗は事業拡大のために労働力として人を雇うが、店舗に入ってくるのは、将来独立開業し、オーナーパティシエになることを志望するという高いモチベーションをもった者が多い。そのため店舗側は、独立を前提とした人材育成を行わなければならない。入店した独立志望者は、工房というケーキをはじめとする洋菓子をつくる作業場で働くことになるが、そこでの作業は菓子作りに直接関わるようなものではなく、安い給料で肉体労働、長時間、しかも下働きで単調といったきつい仕事である。そのため、独立開業するという強い意志をもった者以外は辞めてしまう。わずかに残った者には菓子製造作業を円滑に進めてもらうために「レシピ」を開示する。そして、技術や技能を継承できる素質のある人物を弟子として育成を行う。つまり、②鍛錬とともに行われる人材選抜を行ったのである。

親方は労働力として独立志望者を雇ったのであるから、彼らに技術や技能など自ら蓄積したノウハウを教えなければならないが、それは将来の競争相手という脅威の存在を生み出すことになる。しかし、あえて親方は独立志望者を雇い入れる。なぜなら、弟子が独立して職人となることで得られるメリットが多いからである。

例えば、原材料の仕入れにおいて原材料業者に対して優位な交渉ができることである。親方は、数多くの洋菓子店舗から自身の店舗を選んでもらうために、原材料にこだわり、独創的な商品づくりをすることが不可欠である。一般に原材料は原材料供給業者から購入する。しかし、こだわりの原材料は、業者にとって扱う量が少ないので入手困難、あるいは扱ってもメリットがないことが多い。そこで親方は自分のこだわりの原材料を使った菓子の製造方法を徹底して弟子に教え、弟子が独立開業した際には、その原材料がなければおいしいお菓子が作れないように仕込む。複数の弟子が独立開業すれば、親方は弟子の原材料もまとめて扱うことになる。そうなると原材料業者に材料調達を依頼することができ、扱う量が多くなれば、値段における優位な交渉も可能となる。また、一店舗ではつくりだせなくても、ロールケーキやマカロン、バームクーヘンのように複数の店舗で同じ商品を発売することで流行（ブーム）も生み出すことができる。すなわち③仲間ネットワークの形成ができるのである。

このように、親方が弟子をうまく育成し、優れた職人へと育てることに成功すればメリットが生まれるが、同時に先述したようなデメリット、すなわち強力な競争相手を生み出すことにもなる。適度な競争は産業そのものを活性化するが、過度な競争は同業者を疲弊させ産業の活力が奪われることになる。そこで、業界内には過度な競争を制御するために、一つは親方と同じ商品をつくらない、もう一つは世話になった親方の近くで開業しないという二つの暗黙のルール、つまり④不文律が生み出された。しかし、親方は単に弟子に自分と同じ商品をつくってはいけないといっているのではなく、独創的な商品づくりができるように、できる限り多くの修業機会を与えるのである。例えば、弟子に専門学校へ通ったり、海外研修やコンテストに参加したり、他店の手伝いや他店で修業ができる機会を与える。さまざまな店舗や派閥、系列を超えた職人からは技術や技能を習得でき、同僚からは競争の中から刺激を得ることで、独創性を高め、独自の菓子づくりができるようになる。

また、親方からすれば、自分と同じものをつくらないというルールによって、高品質な菓子作りの秘伝を安心して弟子に伝承することができる。また、弟子に対しては、独創性のある新しい商品づくり（＝商品のイノベーション）を要求することになる。それは、お客さんに高品質でありながら、新しい菓子を提供することにつながっている。

しかしながら、不文律というルールは、遵守しなくても法的に罰されることはない。そこで、親方は独立志望者を育成する過程で、原材料を配達してきた取引業者に対応させたり、接客をさせて顔を覚えてもらったり、コンテストや多店舗の修業先で職人仲間に弟子の存在を知ってもらうようにし、弟子が独立開業した際に不文律を犯していないかどうかを監視するしくみをつくっている。もし不文律を犯していたら、原材料取引業者は不文律を犯した独立者（弟子）との取引は行わない、顧客であれば購買しないといった対応を取るのである。

神戸の洋菓子産業は、このようなしくみをつくることで、おいしい洋菓子を製造できる職人、言い換えれば、おいしい洋菓子を提供できる店舗、つまりはコンテンツを増やしてきたのである。

業界内の揺らぎ

しかし、二〇〇〇年以降、神戸の洋菓子業界に揺らぎが生じてきた。

例えば、コンビニスイーツの出現である。高品質で低価格なコンビニスイーツは、それまでの「生菓子（ケーキ）は贅沢品で高級品である」というイメージを払拭した。

しかし、何よりも大きな揺らぎとなったものは、業界の発展を担ってきた人材（職人）を育成するしくみの変化である。

通信技術の進歩は、インターネットなどで誰もが原材料を手軽に入手可能とした。菓子製造機械の技術の発展は、機械を購入する経済力があれば、誰もが菓子製造業者になることを可能にした。それは、神戸の洋菓子業界に存在している不文律（過度な競争を生まないしくみ）を知らない異業種の人びとの参入を容易にした。この異業種の人びとの参入とともに、他府県や海外で修業した人びと、言い換えれば、業界の不文律を知らない職人が数多く入ってきた。販売においては、インターネットや携帯電話の技術が発達したことで販路は拡大された。しかし、非対面の顧客を満足させるために二十四時間のオンタイムでのサービスの必要性に迫られ、店舗側は負担が増えた。また、ＳＮＳ、特にインスタグラムの出現により顧客が求める洋菓子は、神戸の洋菓子職人がこだわってきた独創的な味よりも、目新しいもの、見た目にインパクトのあるもの、つまり、「インスタ映え」するものを重視するようになった。

また、改正道路交通法の施行（二〇〇六年六月一日）による駐車違反の取締りは、店舗前に駐車して手軽に菓子を購売していた顧客を店舗から遠ざけた。さらに長時間労働削減に向けた労働基準法の強化による働き方改革は、それまでのＯＪＴの育成のしくみも変えた。

このような急激な技術や情報の発展、流通の発達、それに伴う顧客や業界内の職人の意識の変化といった外部環境、内部環境の変化に対して解決できるのは、業界内の職人であり、彼らこそが随時環境に対応できるよう改革を行ったり、コントロールをしていかなければならなかった。しかし、神戸の洋菓子業界は、長きにわたりうまく機能していた人材育成の「しくみ」に胡坐をかき、「ゆでガエルの法則」の状況に陥っていたのかもしれない。

いや、「神戸は洋菓子の街」という過去のイメージのもとに、洋菓子を扱う多種多様なスタイルの店舗が神戸に集まるなかで、新たな「しくみ」が形成されようとしているのかもしれない。新たな「しくみ」づくりをすることで、大きく飛躍する準備をしている兆しが見えるのが「洋菓子の街　神戸」の一部である西宮の洋菓子産業である。

二　西宮のスイーツ産業

西宮のスイーツ産業の背景

西宮市は、南北約一九・二キロメートル、東西約一四・二キロメートルの南北に長い形である。中央部は東西に東六甲山系の山地が横断し、北部は山地、南部は平野といった地形である。

西宮のスイーツ産業がさかんである地域、洋菓子店舗が多い地域はこの南部地域である。ここは、大正から昭和の初めにかけて阪神間モダニズムという文化を謳歌した人びとが住んでいた。そして、今日もそのＤＮＡを受け継いだ人々が生活をしている。同時に新しい人々、多くの転勤族も生活をしている。

西宮は、住宅情報サイト「SUUMO」の運営会社が発表している「住みたい自治体ランキング関西版」では、大阪や神戸へのアクセスの良さ、生活の利便性に加え、落ち着いた住環境が評価され二〇一三年から九年連続の一位に選ばれている。その評価の通り、西宮は大阪と神戸の間にあり（そのために阪神間といわれるのだが）交通の便が良い。西宮は、古くは律令時代から国司の移動や中国や朝鮮半島の外交使節の移動の要所となり、江戸時代は天領となり、「西国街道」の宿場町として発達していった。

明治時代にはいると、工業化が進むことで急激に空気が悪くなった大阪市内(16)に店を構えていた船場や島之内の豪商や弁護士、医師など富裕な階級の人びとは、空気の良い、緑豊かな土地、特に山、海、明るさといった自然環境の条件が満たされている風光明媚な阪神間を別荘地として求めるようになってきた。

大阪と神戸をつなぐ官営鉄道（旧国鉄、現在のＪＲ）が一八七四（明治七）年に開通した後、一九〇五（明治三十八）年に開通した阪神電車、一九二〇（大正九）年に開通した阪急電車（京阪神急行電鉄）は、「健康に恵まれた郊外生活」「健康な田園生活」をキャッチフレーズに住宅地開発を行った。元来、新しいもの珍しいものに目がなく、先見の明をもった富豪たちは、仕事場と生活の場を分ける職住分離により阪神間に移り住みはじめた。阪神電気鉄道や阪急電鉄（現在の阪急阪神ホールディングス）は、乗客誘致を図るため阪神電車は海沿いを、阪急電車は山の手を新興住宅地として開発していった。そこには、大阪だけでなく神戸の開港とともに貿易で財を成した人、銀行や保険業などで手腕を発揮した阪神間の実業家や高所得を得たサラリーマン[17]も居を構えた。さらに、第一次世界大戦の好景気により出てきた船成金、株成金や、関東大震災の影響から谷崎潤一郎に代表されるような著名な人物も関東から移住してきた。その他、芸術家や美術家、建築家や文化人たちもそこで生活をするようになった。その結果、西宮七園[18]、つまり七つの「園」のつく高級邸宅街（苦楽園、甲陽園、甲東園、甲風園、昭和園、香櫨園、甲子園）を形成した。彼らは、自分たちの生活を良好なものにするために、医療機関、教育機関、文化施設を整備し、衣食住など生活スタイルを質の高いものへと醸成し、阪神間モダニズム（図6-1）を形成していった。

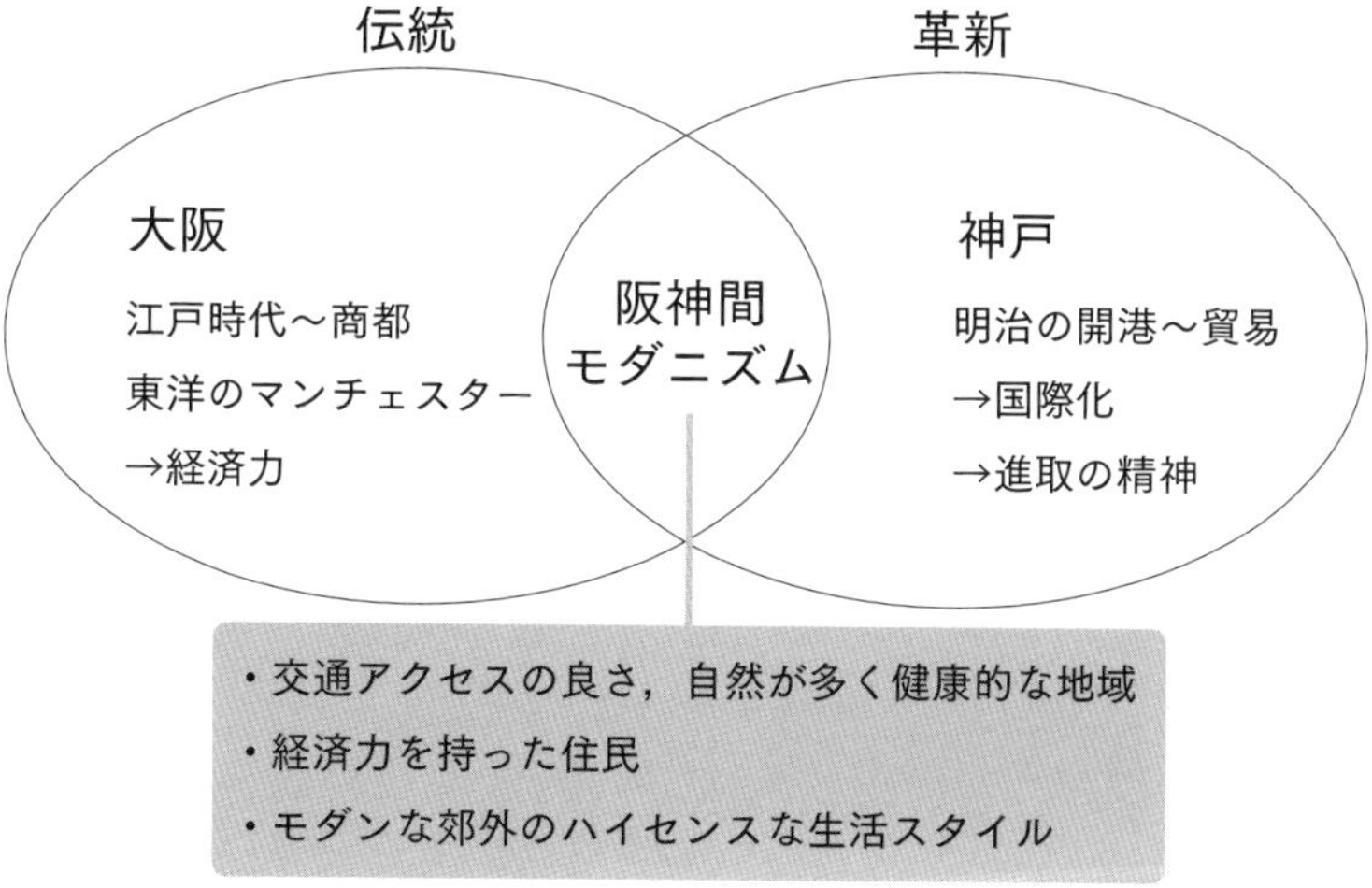

図 6-1　阪神間モダニズム（著者作成）

つまり、江戸時代は「天下の台所」「商人の街」であった大阪の豪商が西宮に居を構え、また、明治以降に貿易や金融関係で富裕層になった人々が西宮で生活をすることにより、西宮という地域は、大阪の経済力と神戸の国際性豊かなモダンな文化をつなぐ場となった。それは先人が大切にしていた伝統と外から入ってくる新しいもの（革新）をつなぐ場にもなった。そして進取に富んだ独特の生活様式、都市文化である阪神間モダニズムを構築していった。

阪神間モダニズムを謳歌した人々の根底にあったものは「自分たちの生活を楽しむ」という精神である。生活を楽しむために知識や情報を求め、生活を豊かにする物資を求めたのである。そうした精神は、今日の西宮の住民にも受け継がれている。

西宮市は一九六三（昭和三十八）年、文教住宅

都市宣言を行っている。西宮市には大手前大学をはじめ、関西学院大学、神戸女学院、武庫川女子大学など十の大学・短期大学がある。大学だけでなく、甲陽学院をはじめ私学の進学中高校も多い。また、周辺の京阪神地域は進学校が多いため、中学受験の塾はもちろん小学校受験の塾や大学受験の予備校などがひしめき合っている。

また、西宮には地域の情報を発信する組織が複数存在する。例えば、地域情報誌『宮っ子』をはじめ、西宮を盛り上げる地域情報サイトである『西宮流（にしのみやスタイル）』、尼崎・西宮・芦屋を愛し、楽しむ人のための情報サイト『あにあん倶楽部』、西宮・芦屋地域に住む人びとに出会いを創る情報紙『ともも』、西宮まちあるき情報誌『ウブスナ』、そのほかにも西宮をPRする会などがある。情報サイトや情報誌を運営している人は発信のための情報収集をする活動範囲・規模が西宮はちょうど良いという。その理由は、実際に現場に行き、情報を入手する必要があるからだ。つまり、幅広いものを扱いながらも、一つ一つの内容が濃い情報を発信することが必要だからである。

そして、西宮の街中に大型商業施設がある。阪急西宮駅前には西宮ガーデンズ、甲子園の駅前にはららぽーとといった人々の生活を支え、豊かさを提供する商業施設がある。

つまり、阪神間モダニズムを謳歌した人々の生活文化の質の高さ、それを求めようとした精神が地域の付加価値を高め、地域ブランドを構築してきた。その精神は今日にも受け継がれている。文教住宅の環境は、生活意識が高い人を集める。また、若い子育て世代やファミリー世代、転勤族を呼び込む。彼らが求めているのも「自分たちの生活を楽しむ」ということである。

西宮のスイーツ産業の事業継承

西宮のスイーツ産業が動きだすのは戦後である。大正時代から昭和のはじめにかけて阪神間モダニズムを謳歌していた人々は三宮や元町といった神戸のスイーツを楽しんでいた。つまり、神戸の洋菓子職人においしいものを作ることを要求し続け、彼らを鍛えてきたのは、生活必需品でない嗜好品のスイーツを繰り返し購買することができる経済力があり、微妙な味の違いをききわける酒造業の蔵元や、食い倒れの街である大阪でおいしいものを食べて舌を鍛えてきた、阪神間モダニズムを謳歌していた富裕層の人びとである。今日においてもその富裕層の人びとのＤＮＡを受け継いだ人がスイーツの顧客となっているのである。ここで忘れてはいけないのは、この富豪たちが洋菓子職人に求めていたもう一つは、「からだによいもの」である。彼らが阪神間に居を構えた理由は「健康に恵まれた郊外生活」であり「健康な田園生活」である。つまり「健康」に高い意識をもっていたのである。したがって、西宮の洋菓子職人がつくるスイーツは、おいしさ、口にして健康に害がない、安全なもの、身体によいものである必要がある。

西宮のスイーツ産業の特徴は、「洋菓子工房」すなわち地域密着型の「街の洋菓子店舗」が多いことである。各店舗の規模は小さいが、どこの店舗でもおいしい。これが可能なのは、先述の「神戸のスイーツ産業」で述べたように、職人同士が技術や技能を競争しながら同じ地域で競合しているからである。

西宮のスイーツ産業が活性化したのは、個別の店舗経営も重要であったが、地域の中で競争する仕組みがあったからである。

西宮の洋菓子産業においては、二〇〇〇年から「西宮洋菓子園遊会」というものが毎年秋に開催している。これは、西宮市、西宮商工会議所の協力により、西宮市内の洋菓子店舗の職人たちが、自分たちの作るケーキを多くの人に食べてもらう会である。この会の目的は「ケーキ工房のあるまち西宮」の店舗PRと、洋菓子産業が西宮のブランド産業として発展するための職人たちの技術向上の機会を与えることである。園遊会の内容は、次の通りである。募集は二人一組で定員百組、会費は二人で六千円、会場はノボテル甲子園という名のホテルである。各店舗が持ち寄ったケーキをホテルという場所で食べながら優雅なひと時を楽しんでもらうものであった。年を重ねるごとに「西宮洋菓子園遊会」の知名度が高くなり、毎年十〜三十倍の応募倍率を誇る大人気イベントになっていった。

しかし、このイベントにいくつかの課題が生じてきた。

人間一人が一度に食べれるケーキの量はある程度決まっている。そのため、客は有名店のケーキから食べたがる。各店舗はケーキを持ち寄っているが、有名店のケーキはすぐになくなる。しかし、若手でまだ名前が知られていない職人の店舗のケーキは残ってしまう。客の参加費は会場代に充てられるため、出店店舗のケーキは持ち出しとなり赤字になる。それでも食べてもらえるのであれば宣伝となるが、食べてもらえなければアピールにもならない。その結果、彼らは次年度からは参加しなくなる。

こうした状況に危機感を持った職人もいた。このままでは、「西宮洋菓子園遊会」の目的のひとつでもある、若手職人の技術向上にもつながらない。参加店舗がなくなれば、西宮の洋菓子を知ってもらう貴重な機会であるこの会もなくなってしまう。この会を通じて、フォーマル、インフォーマルな情報交換がなされていたが、そうした機会も失われてしまう。特にそういう危機感を持ったのが、二代目の菓子職人たちであった。西宮には、戦後の高度経済成長期とともに創業し、西宮のスイーツ文化をつくってきた洋菓子店舗が数多く存在している。そして、現在、二代目が事業継承している店舗が多い（表6－2）。

二代目の菓子職人の多くは、神戸のスイーツ産業におけるように地域内の職人の元で修業をしてきたわけではない。それは、地域でのネットワークが弱い状態で業界に入ってきていることになる。また、親方弟子といった縦のつながりも弱い。

そこで事業継承した二代目は、自分と同じ危機感をもった人びとで組織をつくる。そこに自分たちと同じように西宮の洋菓子を発展させるために取り組んでくれる人を仲間に入れていった。それが「にしのみや洋菓子研究会」である。彼らは「西宮洋菓子園遊会」の重鎮たちに、現状の危機感を訴え、「西宮洋菓子園遊会」のイベントを自分たちにまかせるように伝えた。

事業継承した二代目をはじめ、「にしのみや洋菓子研究会」のメンバーたちは業界に入ってくる前から、それも同じ地域なのだから当然重鎮たちの存在は知っていたはずである。親方弟子、先輩後輩という実的関係性はなくても、心情的関係性はないとは言えない。そうした相手に危機感を訴え、自分たちにまかせてほしいと伝えたことは勇気がいったであろう。しかし、それだけ危機感があったとうかがえる。

ただ、より勇気があったのは、勇退した重鎮たちである。推測するに、重鎮たちも危機感を感じていたが、その課題解決を自らしてはいけないと思っていたのではないだろうか。世代交代をするにあたり、次の西宮スイーツ産業を担う気概のある若手の出現を待っていたのであろう。

二〇一七年「西宮洋菓子園遊会」は大きな内容変更をする。まず開催会場をホテルから西宮北口にある兵庫栄養調理製菓専門学校へ変更した。さらに、二部制にして、一人三五〇〇円で定員五十名とした。そして、各店舗がケーキを持ち寄る形から、参加店が一つになってアシェットデセール（お皿に盛りつけられたデザート）としてスイーツのフルコースを提供するというスタイルに変えた。これは、複数の職人と一緒になって一つのスイーツを作り上げ、職人が一つの皿に盛る菓子のパート担当をする形になる。このしくみなら参加する店舗の職人もモチベーションが上がる。臨場感を味わってもらうために、料理の説明や製造の裏話などを聞いてもらいながら、できたてのスイーツを食べて楽しんでもらうので、名前も「西宮スイーツライブ」と銘打った。応募客からすれば、店舗に行っても販売していない特別なスイーツを味わうことができ、普段は聞けない各職人の話を聞くことができ、新しい発見があるかもしれない。その結果、店舗や職人のファンになる可能性がある。そうした評判を聞いて新しい店舗が参加希望するようになり、出店店舗が増えていっているという状況である。

このことは地域産業の担い手である職人の育成が行われることを意味する。つまり、コンテンツ

創業年	店舗名		洋菓子研究会メンバー	2019年洋菓子園遊会参加	現在の店主	修業先
1949	ヘキセン羽衣屋	3代目		○	中里健二	
1955	ライト洋菓子店	3代目	●	○	林田伸生	「ビゴ」
1964	ケーキとクッキー エルベラン	2代目	●	○	柿田衛二	奈良「ケベック」，フランス
1968	パティスリーベルン	2代目	●	○	倉本洋一	アメリカ留学，横浜で修業，実家で修業
1969	ベルサ洋菓子工房	2代目	●	○	福原良樹	大阪ホテルプラザ
1971	リベロ洋菓子店	2代目	●	○	石本伸一	製菓学校＋実家，京都のケーキ店
1972	長崎神栄堂	2代目		○	田尻	
1975	フランソワ	初代			家村俊博	大阪
1977	フランス菓子ボルドー	2代目		○	久禮裕子	実家
1977	カーベ・カイザー	初代		○	大隈稔雄	ハイデ（ドイツ人）
1982	ミッシェルバッハ	2代目			須波宏晋	実家→パリ「サダハル・アオキ」
1986	ツマガリ	初代		○	津曲孝	「エーデルワイス」（「アンテノール」初代社長）
1991	クーガムーガ	初代			南隆之	フランス料理店，「ロイヤルコペンハーゲン」のデザート部門，パイ専門店
1993	菓子工房ダヴィンチ	初代			吉川知志	
1994	パティスリーパルテール	2代目	●	○	窪田正博	他店へ修行
1995	ドイツ菓子 FOX	初代			宍山	
1995	ラ・フィーユ	初代		○		
1998	菓子工房いちかわ	初代			市川孝洋	「エルベラン」→自転車で移動販売→2005年店舗開業
2000	菓子工房ラ・バニーユ	初代	●	○	村上一晴	大阪・帝塚山にある「ポワール」
2000	西北菓子工房 シェ・イノウエ	初代	●	○	井上大成	「アンテノール」（「エーデルワイス」ブランド），「ポエム」
2002	アトリエ パレット	初代			吉田功二	ポートピアホテル製菓部門，東京ケーキ店
2004	ケーキハウス ファミーユ	初代		○	西村洋三	「アンリ・シャルパンティエ」で22年
2004	シーホース苦楽園（2007年移転）	2代目			谷脇正史	ドイツ（ドイツマイスター取得）
2005	Patissier Eiji Nitta	初代	●	○	新田英資	ホテルニューオータニで18年
2005	パティスリータケアート	初代			湯浅健典	「スイス菓子ハイジ」製造部門で20年
2005	ラ・トゥルティエール	初代		○	神尾尚子	
2007	パティスリーカタオカ	初代		○		
2009	ハイジ	初代				「スイス菓子ハイジ」
2009	ピュア樹（パーム）光（2018年移転）	初代			安田桃江	飲食サービス。製菓学校に行っていないことが強み
2011	パティスリーアトリエタケ	初代	●	○	竹中広明	料理人修行，レストラン，関西の洋菓子店数軒で20年修行
2011	パティスリーヨシミ	初代		○	吉見	
2012	ショコラティエールデリスモア	初代	●	○	大勝久美子	「ゴンチャロフ」製菓製造現場・製品開発
2012	パティスリージャンティーユ	初代	●	○	末廣靖通	和食の専門学校からデザートへ，宝塚ホテルで20年間
2012	パティシエトシヒロタダノ	初代			只野利浩	「アンテノール」（「エーデルワイス」ブランド）
2012	ラトゥールブラン	初代			三堂勝己	「ヴィタメール」（「エーデルワイス」ブランド）
2013	Patisserie au Japon GIVERNY	初代	●		久保弘満	京都，福岡の「ドレスデン」
2015	予約洋菓子店 Daisy	初代				
2016	パティスリーポワリエ	初代			岡﨑純子	「ダニエル」
2017	パティスリーノッポ	初代			吉岡大人	宝塚市内の洋菓子店，ホテルオークラ神戸
2019	パティスリー COCORO	初代			野口育恵	専門学校教員，奈良「パイファクトリー」
2020	good time pâtisserie	初代			渡辺雄策	「ビゴ」→渡仏（アルザス）

表 6-2 西宮の主なスイーツ店舗（著者作成）

ーリズムの持続を可能にしたのである。

おわりに

コンテンツツーリズムを持続させていくために不可欠なのは、継続的に話題性をしかける必要がある。

神戸のスイーツ業界の各店舗がスイーツ（商品）やパッケージ、さらには店舗内やイートインの雰囲気にこだわるのは重要である。しかし、スイーツの特徴でもある流行を追う要素も必要なので、どれほど頑張ってもその変化の激しさから一店舗だけでは難しい。そうなると、地域内など距離的に近い複数の店舗で一緒に活動し、他にはない話題性をつくる方が有効になるであろう。

その際、最も重要なのはコンテンツツーリズムを行うことで、誰が幸せになるのかをよく考えるべきである。自分が幸せになる、あるいは地域の人が幸せになるのであればするべきであろう。その場合、重要なのは無理をしないことである。どの程度であれば自分の店舗が無理なくできるのか、無理なくできる範囲はどこまでかを明確にし、それを補ってくれる相手と一緒に活動すべきである。周りを巻き込みながらあるいは巻き込んでもらいながら共存、共栄、共生するしくみを探索する必要がある。

ある事業継承をした二代目の職人は次のように述べていた。「経営をする上で、ビジネスは結局、自分自身の利益追求なのに、いかにも世のため人のために頑張っているというのは嘘っぽくて言えない。しかし、そうではない。自分や自分の周りの人がより豊かで幸せになるのが目的でよいと気づいた。例えば、三年、あるいは五年だけリッチになれたらいいのなら、それこそ自分の事だけ考えてもやっていけるであろうが、継続的な幸せや豊かさを考えるには、事業を発展させるという長い目で見る必要がある。共存、共栄、共生するからこそ、足元をすくわれたりせず、より長く、より大きな力で発展していけるのだと考える。自分たちの家族や周りの人びとを長く幸せに豊かにするためには、自分のビジネスを頑張るだけではなく、その周りも巻き込んでいく。これがビジネスと地域の関係だと理解している。」

西宮のスイーツ産業を含む神戸スイーツ産業が、コンテンツツーリズムを持続するためにすべきことは、西宮に根付いている「自分たちの生活を楽しむ」という精神をもって、足し算という発想ではなく、引き算により補い合うことで一人では創造できないものをつくり出し価値を生み出すことであろう。

[註]

（1） 国土交通省総合政策局観光地域振興課、経済産業省商務情報政策局文化情報関連産業課、文化庁文化部芸術

文化課（二〇〇五）『映像等コンテンツの制作・活用による地域振興のあり方に関する調査』（https://www.mlit.go.jp/kokudokeikaku/souhatu/h16seika/12eizou/12_3.pdf）

（2）筒井隆志財（二〇一三）「コンテンツツーリズムの新たな方向性――地域活性化の手法として」参議院事務局企画調整室『経済のプリズム』第一一〇号、参議院。

（3）マーシャル・マクルーハン著、栗原裕・河本仲聖訳（一九八七）『メディア論――人間の拡張の諸相』みすず書房。

（4）中川譲（二〇一一）「日本における「コンテンツ」の成立過程」紀要Bulletin 三、六九－七九、多摩大学グローバルスタディーズ学部グローバルスタディーズ学科。

（5）神戸市は二〇〇四年より、この『風見鶏』が放映された十月三日を「ＫＯＢＥ観光日」とし、市内の観光施設の特別割引をしたり、無料開放したりしている。

（6）神戸北野異人館街ホームページ（https://www.kobeijinkan.com/history）を参照。

（7）明治から昭和初期にかけて建てられた約二百棟の異人館の形はほぼ「コロニアルスタイル」と呼ばれる様式で、ベランダ、下見板張りペンキ塗りの外壁、ベイウィンドウ（張り出し窓）、よろい戸、赤レンガ化粧積み煙突などが特徴である。（参考：神戸北野異人館街ホームページ（https://www.kobeijinkan.com/history））

（8）二〇〇一年まで祇園祭、天神祭にならぶ「京阪神三大夏祭り」の神戸まつりの舞台となっていた。当時、神戸市立の小学校は、神戸まつりの日は臨時休校となっていた。

（9）神戸北野異人館街ホームページ（https://www.kobeijinkan.com/history）を参照。

（10）海上技術安全研究所報告第五巻第三号（平成十七年度）研究報告「欧州航路は、神戸を起点に、名古屋、東京、清水で日本国内での荷役を行い、途中シンガポールでも荷役を行う。」（五〇頁）（https://www.nmri.go.jp/main/publications/paper/pdf/22/05/03/PNM22050302-02.pdf）。

（11）一八八七年六月十八日、一八八八年十二月十八日の“The Hyogo News”に広告として掲載されている。

（12）兵庫開港は慶応三年十二月七日（一八六八年一月一日）となる。一八六八年十月二十三日（慶応四年九月八日＝明治元年九月八日）に元号は慶応から明治に改元される。

（13）　当時清国が条約国でなかったため中国人も居留地に住むことが許されなかった。
（14）　吉川市三は、米津凮月堂の二代目でフランス留学による本場仕込みの洋菓子を作っていた米津恒次郎が経営する銀座凮月堂で、住み込みで修業を積んだ。
（15）　日本郵船は食事の質の高さでは世界に名が知られており、チャップリンやマリリン・モンローなど有名人も外遊にあえて選んでいたと言われている。
（16）　大阪は「東洋のマンチェスター」と言われるほどの勢いで工業都市に変貌していったため、大気汚染や水質汚濁などの公害を生むことになった（坂本勝比古（一九九七）「郊外住宅地の形成」四七頁、『阪神間モダニズム――六甲山麓に花咲いた文化、明治末期～昭和十五年の軌跡』淡交社）。
（17）　参照、京阪神急行電鉄株式会社『京阪神急行電鉄五十年史』京阪神急行電鉄株式会社、一九五九年／大阪都市住宅史編成委員会『まちに住まう』大阪都市住宅史、一九八九。
（18）　「園」がつく名の通り、もとは農園や遊園地・温泉地などとして明治時代後期から昭和にかけて開発された地域であった。

【参考文献】

"The Hyogo News"

大阪都市住宅史編成委員会（一九八九）『まちに住まう』大阪都市住宅史、一九八九。

京阪神急行電鉄株式会社（一九五九）『京阪神急行電鉄五十年史』京阪神急行電鉄株式会社。

坂本勝比古（一九九七）「郊外住宅地の形成」『阪神間モダニズム――六甲山麓に花咲いた文化、明治末期～昭和十五年の軌跡』淡交社。

筒井隆志財（二〇一三）「コンテンツツーリズムの新たな方向性――地域活性化の手法として」参議院事務局企画調整室『経済のプリズム』第一一〇号、参議院。

中川譲（二〇一一）「日本における「コンテンツ」の成立過程」紀要 Bulletin 三、六九－七九、多摩大学グローバルスタディーズ学部グローバルスタディーズ学科。

マーシャル・マクルーハン著　栗原裕・河本仲聖翻訳（一九八七）『メディア論——人間の拡張の諸相』みすず書房。

森元伸枝（二〇〇九）『洋菓子の経営学』プレジデント社。

神戸北野異人館街ホームページ（https://www.kobeijinkan.com/history）

海上技術安全研究所報告第五巻第三号（平成十七年度）研究報告（https://www.nmri.go.jp/main/publications/paper/pdf/22/05/03/PNM22050302-02.pdf）

国土交通省総合政策局観光地域振興課、経済産業省商務情報政策局文化情報関連産業課、文化庁文化部芸術文化課（二〇〇五）『映像等コンテンツの制作・活用による地域振興のあり方に関する調査』（https://www.mlit.go.jp/kokudokeikaku/souhatu/h16seika/12eizou/12_3.pdf）

大学と地域資源の継承

――地域連携を主題とするゼミ活動の報告から

海老良平

はじめに

本稿は二〇二二年二月二十六日に開催された、二〇二一年度大手前大学交流文化研究所シンポジウム「コンテンツツーリズムにおける文化の継承――『聖地巡礼』に連なる現場の実践から」において、「大学と地域資源の継承」を主題に報告した内容を纏めたものである。

今日の学生教育においては、社会の課題解決に対する意識を持って主体的に学ぶ姿勢の醸成、あるいは他者とのコミュニケーション能力の向上といった、いわば社会人としての基礎能力を兼ね備えた人材の育成が強く求められるが、そのような教育の過程において、実践教育の機会としての地域社会との連携活動は特に重要であるだろう。加えて、大学教員にとっても、研究者として各々の研究成果として蓄積された知識や技能を地域社会に還元することこそが、地域社会の中で果たすべき役割でもある。

本報告では、歴史や文化などの地域資源の継承に大学としてどのように関わり、その役割をどう果たしていくべきなのか、筆者が指導する大手前大学現代社会学部観光ビジネス専攻におけるゼミナール活動の事例を紹介しながら考えてみたい。地域活性化に観光振興の寄与が特に期待される現代社会において、大学が提供する観光教育に求められる視点とは、学生が地域を横断的に俯瞰できるような幅広い知識の習得、さらにその知識の域内外への発信についての深い理解にあると言えるだろう。そのような現状をふまえて、ゼミでの活動によって地域の観光資源の発掘に関与し、そしてその情報発信に学生がどのように学んできたかを報告していきたい。

ところで本報告で取り上げる事例は二〇二〇年からの活動によるものだが、これらの活動は同年の春に端を発した新型コロナウィルス感染拡大の環境下で実施したものである。感染拡大により、大学での授業がほぼ非対面化する中で、学外での現地調査を学びの柱としたゼミ活動は極めて困難なものとなったが、可能な範囲内で学生が街に出て、地域の様々な人々と触れあいながら、活動に取り組めたことは貴重な学習機会でもあった。本稿ではその活動内容を中心に述べていきたい。

一　大学創立基盤から見る地域性

文教住宅都市としての西宮

まずは、大手前大学さくら夙川キャンパスがある兵庫県西宮市について触れておきたい。西宮市は兵庫県南東部に位置する人口約四十八万人の中核都市である。近年の西宮市をめぐっては、関西圏において住みたい街の上位に常にランキングされるなど[1]、良好な住宅街としての評価を高めているが、同市は古くから私立学園が多い文教都市としても知られている。一九六三年には「文教住宅都市宣言」を発表するなど、住宅や教育を軸としたまちづくりは同市の指針となっており、交通至便な阪神間に位置する良好な住環境とともに、質の高い教育環境を提供することは、現在も市政運営の重要な柱に位置づけられている。以下にその「文教住宅都市宣言」を引用する[2]。

西宮市は、阪神間の中央に位置し、自然の風光と温暖な気候に恵まれ、市制施行いらい、多くの人々がここに、平穏で快適な生活環境を求めて移り住み、ついに今日の隆盛をみるにいたった。その風土は、先覚者たちの文教諸施設の整備拡充の努力とあいまって、今や西宮市が文教住宅都市として力強く進むことを可能ならしめている。またその故にこそ、年々、万余を数える人口増加がみられるのである。

一方、大阪、神戸をはじめとする阪神圏諸都市は、急速な発展を示しつつあるが、同時に産業配置、人口の都市集中、公害など幾多の内部的諸矛盾の解決をせまられている。こうした事態にあって、西宮市は、本市が誇りうる文教住宅都市的性格をさらに一層、推進することにより、こんごの阪神圏発展の一翼を担う考えである。すなわち、西宮市の将来は、西宮市民のみならず、近畿一円の福利の増進に役立つべきものであり、それはまさに、西宮市が、人々に憩いと安住の地を提供することによって、積極的に果されるものと信じる。

ここに、西宮市は三十万市民のひとしく望むところにしたがい、風光の維持、環境の保全・浄化、文教の振興を図り、当市にふさわしい都市開発を行い、もって市民の福祉を増進するため、西宮市を「文教住宅都市」と定め、こんごの市政運営がこの理念に基づいて強く推進されるものであることを宣言する。

昭和三十八年十一月三日

兵庫県西宮市

このようにして現在に至った文教住宅都市・西宮のブランド力は、もちろん行政のみならず、市民と共に築き上げてきた地域の個性や魅力の蓄積にあると言えよう（図7-1）。

そのような多彩な西宮市の特性の一つでもある文教都市としての環境については、西宮市内にキャ

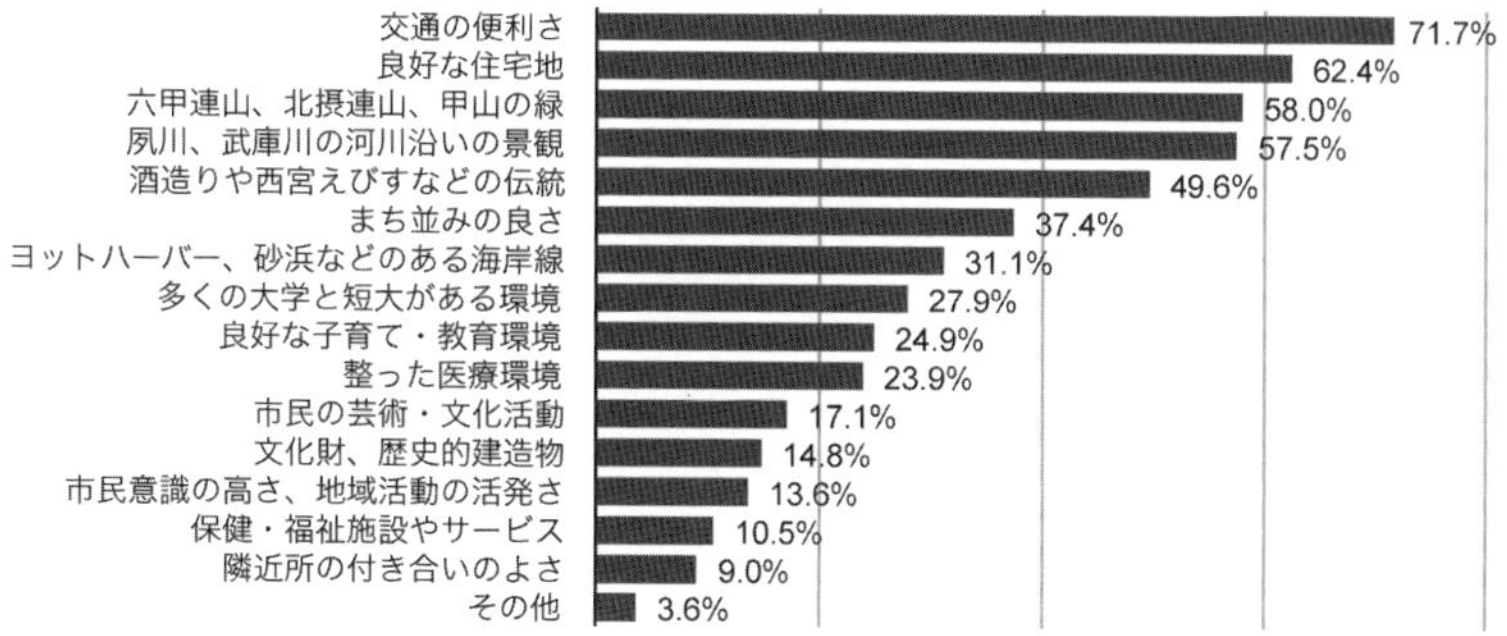

図 7-1　西宮の良さについて（西宮市「第 5 次総合計画に関する市民アンケート調査」（平成 29 年度実施，回収数 1,769 名）より）

ンパスや校舎を有する私立学園の創立にこの地域固有の歴史的性格が色濃く反映されていることからその礎を読み取ることができる。ここでは文教都市西宮の基盤を作り上げた「先覚者たちの文教諸施設の整備拡充の努力」について、西宮市内の私立学園の創立の経緯とそれに関わる地域性を簡単にまとめておきたい(3)。

酒造家と西宮の学園

まず挙げておきたい西宮の学校の創立に関わる地域性とは、江戸時代以来、西宮で受け継がれてきた地場産業としての酒造業との関係である。そのような酒造業との関わりを持つ西宮の私立学園として挙げられるのが、報徳学園と甲陽学院である。

①報徳学園　同学園は、一九一一年（明治四十四年）に大江市松によって神戸の御影町に設立された三年制の報徳実業学校が始まりである。大江家とは、酒造業だけでなく、金融業、山林業を営んだ神戸の実業一家であり、報徳実業学校

の経営のため、一九一〇年（明治四十三年）に大江によって設立されたのが御影報徳会（のち学校法人報徳学園）である。一九三二年（昭和七年）には校舎を御影から神戸青谷に移転するが、戦時中の空襲による校舎消失のため、一九四七年（昭和二十二年）には武庫川沿いで学校を再建し、報徳学園高等学校、中学校として現在に至っている[4]。

②甲陽学院　同学院は、一九二〇年（大正九年）に設立された「辰馬学院甲陽中学校」に始まるが、その前身となったのは、一九一七年（大正六年）に伊賀駒吉郎によって甲子園で設立された「私立甲陽中学」である。その甲陽中学を引き継ぎ、現在に至る甲陽学院を確立したのが、辰馬本家十三代当主の辰馬吉左衛門である。辰馬本家とは、一六六二年（寛文二年）に初代吉左衛門によって創業された西宮の蔵元であり、江戸時代中期には江戸積酒造で繁栄することとなった灘五郷のうちの一つ、西宮郷を代表する名門酒造家である。その十三代の当主辰馬吉左衛門によって設立されたのが、財団法人辰馬学院（のち学校法人辰馬育英会）であり、戦後、旧制中学から高等学校となった甲子園の学校に加えて、一九四七年（昭和二十二年）には香櫨園にも中学校を設立し、現在に至っている[5]。

キリスト教宣教師と西宮の学園

次に挙げておきたい西宮の学校の創立に関わる地域性とは、幕末の開港と共に来日したキリスト教宣教師との関わりである。主に開港地の神戸で創立したミッション系の学校がそれであり、そのような西宮の私立学園として挙げられるのが、神戸女学院、関西学院、仁川学院である。

①**神戸女学院**　同学院は、一八七五年（明治八年）に神戸山本通に設立された女子寄宿学校「Girl's School」（女學校、通称・神戸ホーム）に始まるが、その前身となったのは、一八七三年（明治六年）にアメリカ人のタルカット、ダッドレー両女史によって神戸花隈村に開かれた私塾である。American Board（米国伝道会）より派遣された両女史は、本国アメリカでも教鞭をとっていた宣教師であり、神戸の私塾においてキリスト教伝道とともに英語教育を始めたという。[6] 同校は一八九四年（明治二十七年）に名称を神戸女学院とし、一九三三年（昭和八年）には学校を西宮岡田山に移転する。この西宮岡田山キャンパスの校舎は、建築家のヴォーリズ設計によるものであり、阪神間モダニズム建築として名高い建築としても知られる。戦後の学制改革によって、四年制の新制となった神戸女学院大学に加え、中等部と高等学部、現在に至っている。

②**関西学院**　同学院は、一八八九年（明治二十二年）にアメリカ人のウォルター・ラッセル・ランバスによって神戸原田の森に設立された私塾「関西学院」が始まりである。ランバスはアメリカの南メソジスト監督協会の日本責任者でもあった宣教師で、来日後、神戸外国人居留地を拠点として伝道活動に取りかかり、伝道者の育成とキリスト教に基づく青少年教育を目指し、神戸の原田の森に神学部と普通学部を有する学校を設立する。一九二九年（昭和四年）には、校舎を西宮甲東園地区の上ヶ原に移転、戦後の学制改革により大学、高等部、中学部を開設し、さらに初等部、幼稚園を設置し、現在に至っている。西宮上ヶ原の校舎はヴォーリズ設計によるものであり、こちらも阪神間モダニズムを象徴する建築である。[7]

③仁川学院　同学院は、一九五〇年（昭和二十五年）にカトリック・コンベンツアル聖フランシスコ修道会が、西宮に「マリアの園幼稚園」を開設したのが始まりである。一九五六年（昭和三十一年）には学校法人としての仁川学院が設立され、仁川小学校を開校する。一九六二年（昭和三十七年）には中学校、高等学校も開校し、現在に至っている。(8)

女子教育と西宮の学園

最後に挙げておきたい西宮の学校の創立に関わる地域性とは、女子教育との関わりである。先に挙げた神戸女学院もその先駆けと言えるが、夙川学院や武庫川学院、甲子園学院、そして大手前学園がそれに挙げられよう。

①夙川学院　同学院は、一八八〇年（明治十三年）に増谷かめによって、神戸の御影町弓場に裁縫塾が開設されたのが始まりである。その後、一九〇一年（明治三十四年）には増谷裁縫女学校として開校され、神戸魚崎への校舎移転を経て、一九四八年（昭和二十三年）に西宮夙川に移転する。それを機に財団法人夙川学院に改められ、校名を夙川学院高等学校、夙川学院中学校に改称する。一九四九年（昭和二十四年）には教育理念にキリスト教精神を導入し、一九六五年（昭和四十年）には短期大学を開学する。二〇〇七年（平成十九年）には神戸ポートアイランドに神戸夙川学院大学を開設するが、二〇一五年（平成二十七年）に廃止、現在は短期大学が神戸教育短期大学と名称を変更し、神戸市長田区に移転している。また中学校と高等学校は、二〇一九年（平成三十一年）から設置者と

なる学校法人が須磨学園へと変わり、夙川中学校、夙川高等学校として、現在に至っている。(9)

②武庫川学院　同学院は、一九三九年（昭和十四年）に公江喜市郎によって設立された「武庫川高等女学校」が始まりである。公江は元々兵庫県首席視学であったが、一九三一年（昭和六年）に官命で訪れた欧米での教育事情視察によって、私学経営の道を志すこととなる。当時一般的であった花嫁学校という女子校から自立して社会に有為な人材の育成を目指し、設立したのが学校法人武庫川学院である。戦後は、大学に加え、武庫川学院中学校、高等学校、短期大学を開設し、幼稚園と保育園を加え現在に至っている。また、建築学部の学生が学ぶ上甲子園キャンパスにあるのが「甲子園会館」であるが、この会館は一九三〇年（昭和五年）に名建築家フランク・ロイド・ライトの弟子でもある遠藤新によって設計された「甲子園ホテル」として誕生した阪神間モダニズムの名建築の一つでもある。戦時中、連合国軍に接収されたこの建築を戦後、同学院が教育施設として再生し、学びの場として活用されている。(10)

③甲子園学院　同学院は、一九四一年（昭和十六年）に設立された「甲子園高等女学校」が始まりであるが、その創立者は久米長八である。久米は女子教育の発展こそが国家繁栄の基礎であるとの信念から、同校を創立、戦後、高等学校、中学校に加えて、一九五一年（昭和二十六年）には小学校と幼稚園、一九六四年（昭和三十九年）には短期大学、一九六七年（昭和四十二年）には大学を開学し、現在に至っている。(11)

以上に挙げた西宮の学校の創立背景となる「酒造」、「キリスト教」、「女子教育」は、伝統、異文化、女性の自立といった、明治時代末期から昭和初期にかけて阪神間に根付いた阪神間モダニズムという、この地域固有の文化基盤を構成する特徴である。阪神間モダニズムとは、大阪からの富裕層の移住と神戸からの異文化移入が融合した稀有な文化土壌であり、特にその担い手となったのはモダンで時代に鋭敏な若者でもあった。これらの西宮の学校で学んだ若者は、地域の産業を担っていく実業家となるとともに、その伝統的な文化基盤を継承しつつ、神戸から影響を受けた新時代の外国文化も融合させながら、地域固有の文化を築き上げていったと言える。そこに長く受け継がれる文教都市としての西宮固有の特性があるのであろう。

二　地域の観光資源の発掘を主題とした学生教育の事例

そのような文教都市西宮において、大手前学園は、一九六六年（昭和四十一年）に夙川で大手前女子大学を開設して以来、西宮の私立学園としての歴史を積み重ねてきた。元々、大手前学園は女子教育の普及を目的として、一九四六年（昭和二十一年）に藤井健造によって大阪市に大手前文化学院を創設したのが始まりである。一九五一年（昭和二十六年）には女子短期大学、一九六六年（昭和四十一年）には女子大学を開設するが、この時、女子大学のキャンパスとなったのが夙川である。この夙川キャンパス開設に関わる人物が福井治兵衛である。福井家とは、西宮で代々味噌屋を営む実業家であったが、戦時中の空襲により味噌製造所が壊滅的となり、夙川の邸宅で各種学校である「ピュア・ソサイエティ」を設立する。この学校を基盤として「西宮学園」が設立されるが、一九六〇年（昭和三十五年）に同校を解散した後、その校地を大手前女子学園に寄贈し、現在に至っているのである。(12)

ここからは、その大手前大学で学ぶ学生が取り組んできたゼミ活動の事例について紹介していきたい。ゼミ活動の主題となっているのは「地域観光の研究」であり、その研究対象となるのは阪神間から神戸にかけての地域である。ゼミ活動では、歴史や文化、産業といった地域資源の知識を習得しながら、街の情報を発信することを目的として、マップ等の成果物の制作を主に行った。以下ではそれぞれの活動内容とそれに関わる地域との連携について述べていきたい。

夙川周辺の街歩きマップの制作

二〇二〇年度に行った活動が「大手前大学現代社会学部の学生が企画制作した街あるきマップ」の制作である。この活動は、大学キャンパス周辺の夙川・苦楽園・香櫨園の三エリアを調査対象地域として、観光ビジネスを専攻とするゼミ生全員がエリア内の店舗等を調査し、その情報を元にマップを制作、配布したものである。マップの制作に際しては、プロのデザイナーの協力を受けながら、二千部制作し、各所で配布した（図7-2）。

この街歩きマップを計画した段階においては、神戸から阪神間の珈琲・スイーツ文化を主題とする予定であった。明治時代、神戸港開港によって西洋から移入された珈琲やスイーツは、先述した阪神間モダニズムを構成するハイセンスな地域文化資源であり、現代においても阪神間の各自治体と民間企業によって組織されている阪神間連携ブランド発信協議会によって、観光資源としての活用が積極的に取り組まれている。また、ＵＣＣやネスレ日本をはじめとする珈琲関連企業、あるいはモロゾフやユーハイムなどの洋菓子企業の本社が神戸から阪神間には数多く集積するなど、珈琲やスイーツは、この地域の産業にとって欠かせない存在でもある。そのような神戸から阪神間における珈琲やスイーツの発展過程について学びながら、関連する様々な資源を調査、発掘し、それをマップ化することを目標としたのであった。

しかしながら、コロナ禍によって、広域での学外調査を必要とした活動計画は断念せざるを得なくなり、その代替案として始めることとなったのが、大学キャンパスから徒歩圏内で調査できる街歩きマップの制作であった。コロナ禍という観光にとっては大きなダメージを受けたこの時期、一方ではマイクロツーリズムという、身近な地域を対象とする観光形態が注目されるようにもなり、地域に着眼する意味においても、学生にとっては重要な学習の機会となるものであった。

マップの制作にあたっては、そのターゲットを大手前大学、大手前短期大学に入学する一年生全員とキャンパス移転に伴って伊丹稲野キャンパスからさくら夙川キャンパスに新たな学習の場を移すこととなる短期大学二年生と設定し、全員に配布することとした。また、コンセプトとしては「キャンパスのある街・夙川を知る」としたが、この制作意図には、入学生への街の紹介であることはもちろんのこと、制作にあたったゼミ生にとっても、身近な地域の知識を習得することが地域観光を考える

図 7-2 夙川・苦楽園・香櫨園エリアの街歩きマップ（実物は A4 サイズの観音開き）

上で必要であるとの意識づけも込められるものであった。

ところで、この調査対象となった夙川、苦楽園、香櫨園という地域は、六甲山系から大阪湾に流れ込む夙川の上流から下流にかけての街々である。河川全体が都市公園として整備されている夙川は、一九四九年（昭和二十四年）に西宮市の辰馬卯一郎市長の提唱で千本の桜が植栽されて以来、一九九〇年（平成二年）には日本さくらの会が選定する「さくら名所百選」にも選ばれるほどの関西屈指の桜の名所であることはよく知られている。さらに、流域に広がる甲陽園、苦楽園、香櫨園などは、六甲山麓の風光明媚で良好な環境、さらに明治以降の鉄道交通機関の発達によって住宅地開発が進み、阪神間でも有数の高級住宅地でもある「西宮七園」を構成する閑静な地区となっている。

さて、マップに掲載する対象については、調査エリア内で学生自身が自由に選び出し、おしゃれなスイーツ店やカフェ、ベーカリーなどを中心に三十五店舗の調査にあたった。調査前にはプロのデザイナーの視点から取材における心構えや注意点などの講義を受け、実際の調査にあたっては、まずは学生自らが店舗責任者へのアポイントを取り、その後、店舗での聞き取り調査と写真の撮影、さらには原稿の作成から校正まで、全て学生の手によって行われた。

また、ゼミに所属する学生の中にはコロナによって入国できない中国人留学生もいたため、彼らには自身が住む中国の各都市で紹介したいカフェを調査させ、マップに中国の店舗紹介枠を設けて十一カ所掲載することとした。完成に至るまでの間、留学生は来日することが叶わず、打ち合わせ等は全てオンライン参加となったが、日本人学生と同じ制作物を作るという目標を設けることで留学生の授業への参加意識を高めることにも繋がった。

約半年間の制作期間をかけて完成したマップは、新学期開始直後にゼミ生全員が新入生および短期大学二年生のクラスに赴き、それぞれ制作の意図などを紹介しながら直接配布し、また、調査先の店舗にもマップを持参し、感想や意見などのヒアリングを行った。さらに、マップの裏面には、西宮の名産である日本酒、後述する「西宮珈琲の扉プロジェクト」に関する観光情報を掲載することとなったが、この掲載は西宮市産業文化局の都市ブランド発信課及び西宮観光協会の協力によるもので、この連携関係によって、マップの配布先は大学内だけに止まらず、西宮市役所、西宮市内の私鉄各社の駅や観光案内所、市内の図書館などにも広げることができた。このような地域との取り組みは、西宮の地域情報サイトである西宮流などに掲載されるなど、各メディアからも注目され、インターネットの旅行情報メディアである旅恋による学生への取材を受ける機会も与えられた。

計画からマップの制作と配布、取材対応までの全ての過程を経験したことは、観光情報の発信についての方法を考えることはもちろんのこと、調査先へのアポイント取りからヒアリング、完成後の報告などの経験によって、地域の人々との交流や社会人としての素養を身につけることに繋がることとなった。

珈琲をテーマとした産官学連携事業

二〇二一年度は二つの活動を行ったが、まずは「西宮・珈琲で地域活性化プロジェクト」について取り上げたい。このプロジェクトは、兵庫県阪神南県民センターが主催する「大学生による地域活性化支援事業」の支援を受けて実施した活動であり、大手前大学国際日本学部の森元仲枝准教授が指導する企業経営専攻のゼミ生と合同のチームを立ち上げ、西宮市、西宮観光協会、西宮商工会議所、市内の事業者などによって進められている「西宮珈琲の扉プロジェクト」と連携の下、オリジナル珈琲商品を企画した。この支援事業の趣旨は阪神南地域（兵庫県尼崎市、西宮市、芦屋市、神戸市東部）を対象地域として、大学生が企業や地域団体等と連携した地域活性化事業、阪神間モダニズム文化を活かした地域活性化事業、ポストコロナ社会に向けた地域活性化事業、商店街等と連携した商店街活性化事業のいずれかを行うものである。

この活動の連携先となった「西宮珈琲の扉プロジェクト」とは、現在、西宮市内で増加しているスペシャルティコーヒー[13]を取り扱う珈琲店各社と西宮市、西宮観光協会等が協力しながら、珈琲のまち・西宮という都市ブランドの醸成を図る取り組みである。二〇二〇年には、キックオフイベントを実施、翌年にはスマートフォンを使ったＷｅｂスタンプラリー、またコロナワクチン接種者に五百円分のコーヒーチケットを配布するキャンペーンを実施するなど、コロナ禍においても精力的にプロジェクトを進めている。

さて、その連携事業の具体的な内容は、珈琲店各社の協力によるスペシャルティコーヒーのオリジナルドリップバッグを考案し、さらにそのドリップバッグを入れるための缶ケースを制作する商品開発を目指すものであった。ドリップバッグの考案については、森元准教授指導のゼミ生が担当することとなり、缶ケースの制作は、筆者指導のゼミ生が担当することとなった。
森元ゼミにおいては、学生が各オーナーにインタビューした映像をQRコード化し、そのシールをドリップバッグの袋に貼った商品を作成することとなり、西宮市内の五店舗の各オーナーのインタビューへの協力を得た。

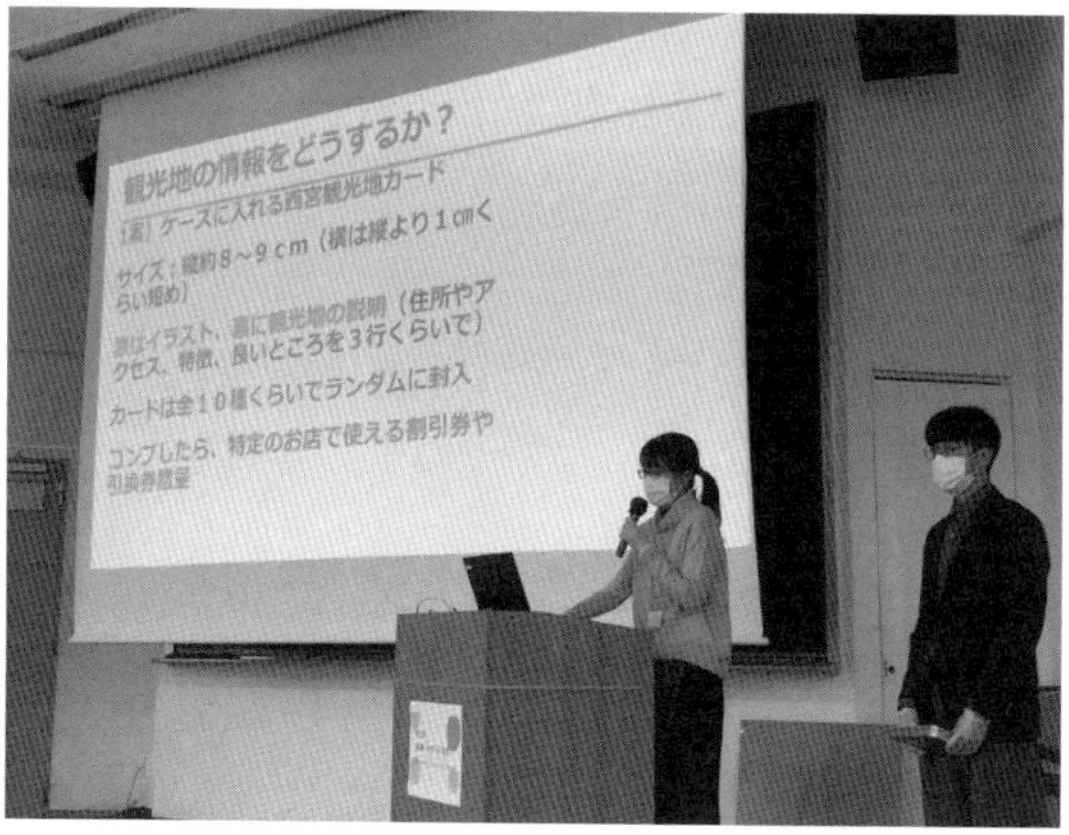

図7-3　「阪神つながり交流祭」での発表

一方、筆者のゼミにおいては、缶ケースの制作に向け、西宮らしいデザインのアイデア出しとして、西宮市内の観光資源等を調査した。その調査をふまえて、各学生が素案となるデザインを作成し、さらにデザインのファイナライズにプロのデザイナーの協力を仰いだ。最終的なデザインは**別図7－1**のように珈琲の湯気を西宮市域の形を模したものとし、下部には西宮の観光スポットである西宮神社、阪神甲子園球場、夙川キリスト教会、今津燈台、西宮砲台、白鹿記念酒造博物館のイラストを配置した。

これらの活動については、二〇二一年十二月五日に大手前大学で開催された「阪神つながり交流祭」において、各ゼミ生の代表によって経過報告が行われた（**図7－3**）。

交流祭には他大学の学生及び連携先の企業等も参加するなど、学生にとっては貴重な交流体験となった。

この「西宮珈琲の扉プロジェクト」との連携目的は、学生が珈琲やスイーツなどに象徴される阪神間に形成されたモダンな文化の歴史を考え、その知識を習得しながら、さらに観光コンテンツとしての「珈琲の街・西宮」の効果的な発信方法を考えていくことであった。

研究の対象となった珈琲とは、近代以降の神戸、阪神間のモダン文化の一つの象徴でもあり、そこには単なる現代の珈琲ブームだけでは語れない文化的土壌の分厚さの価値が存在する。例えば、灘五郷を構成する日本酒の商品価値もまた品質だけによるものではなく、そこには三百年以上の酒造をめぐる地域の人々の営みや酒造りのプロとしての杜氏のこだわりといったことをストーリーとして語れる文化的土壌が存在する。

この珈琲プロジェクトは、日本酒とともに西宮のブランドとなる可能性を秘めた珈琲の付加価値としての阪神間地域の深いストーリー性を発掘、追求しながら、地域活性化に繋げる試みであった。珈琲店の経営者の思いを聞きながら、制作した珈琲に、地域の観光資源のデザインを重ねてパッケージするというものづくりの経験は、大学内において異分野で学習する学生同士の交流にも繋がることとなった。

兵庫津ミュージアム設立に向けた兵庫県との連携事業

二〇二一年度に実施したもう一つのゼミ活動が、「兵庫県立兵庫津ミュージアム」開設に向けての兵庫県との連携活動である。この活動は兵庫県が整備を進めている兵庫津ミュージアム周辺の観光活性化を目的として、街歩きマップの制作と配布、施設活性化の検討、ＰＲ映像への学生の参加等を行ったものである。

この兵庫津ミュージアムとは、初代兵庫県庁を復元した「初代県庁館」、および博物館施設である「ひょうごはじまり館」の二施設を兵庫県が一体的に整備している事業であり、兵庫津の歴史や独自の過程を辿った兵庫県の成り立ち、兵庫県を構成する旧五国[14]の魅力や多様性を発信する拠点となることを目指している。このうち、初代県庁館は二〇二一年十一月三日に開館し、ひょうごはじまり館は二〇二二年十一月二十四日に開館した。

ミュージアムの建設場所となる兵庫津地区（現在の神戸市兵庫区）の歴史は古く、その港町としての端緒は、奈良時代の行基による大輪田泊の整備にまで遡る。平安時代末期の平清盛の時代には人工的な島である経ヶ島も築かれるなど、大輪田泊は日宋貿易の拠点として発展するが、兵庫津と呼ばれるようになる中世以降は、瀬戸内航路の要港として繁栄、江戸時代には人口二万人の大都市になったと言われる。さらに幕末になると、アメリカをはじめとした欧米との修好通商条約によって兵庫は開港場として指定され、一八六八年（慶応四年）の神戸港開港後に兵庫県が誕生した時に、初代兵庫県庁がこの地に置かれたという歴史を持っている。

また、この兵庫津と西宮には、いくつかの歴史的共通点がある。江戸時代、兵庫津は西日本から物資の集まる港として海運を中心に繁栄するが、西宮もまた大坂・京都と西日本を結ぶ街道の結節点として、また酒造業の繁栄によって、ともに経済的発展が著しい街であったという。その繁栄ぶりから、元々尼崎領であった兵庫津と西宮は、一七六九年（明和六年）の上知によって幕府領となり、それぞれに大坂町奉行所の勤番所が置かれた重要な街でもあった。初代兵庫県庁については、このうちの兵庫津の勤番所の建物を引き継ぐ形で開設したのであり、その勤番所の建物を復元したものが兵庫津ミュージアムの初代県庁館である（図7－4）。

また、幕末期には、神戸港開港にあたって、大阪湾警備を目的とした勝海舟の上申により西宮、今津、和田岬、湊川口に砲台が築かれたという共通の歴史も持っており、この西宮砲台は二〇二二年には国による史跡認定から百年を迎え、西宮市郷土資料館などによって記念事業も計画されている。

ところで、この連携事業は、兵庫県の兵庫津ミュージアム整備室と大手前大学の間で、二〇二〇年から共同研究として始まったものだが、当初計画されていたのは、学生による街歩きボランティアガイドの養成であった。歴史のある街に若い世代の学生が参画することによって、街の新たな資源の発見を図ることがその目的であったが、コロナ渦によってガイド養成の実施が難しくなったため、ミュージアム周辺の街歩きマップの制作を開始することとなった。制作にあたっては、ほとんどの学生が当該地域に関する知識を持ち合わせていなかったため、まずは兵庫県職員の出張授業によって兵庫津

図 7-4　兵庫津ミュージアムの初代県庁館（提供：兵庫県）

図 7-5　兵庫津ミュージアム PR コマーシャル映像の撮影風景

の歴史や成り立ちを学んでいった。

その後、建設中の初代県庁館の見学を行い、開館後の施設の活性化策などの意見交換等を行う中で、初代県庁館開館に向けたコマーシャル映像に学生がエキストラ出演する機会を得ることとなった。このコマーシャル映像は、神戸市内の商店街や市営地下鉄の駅構内のデジタルサイネージで流され、また民放テレビ局でも放映された（図7－5）。このような活動を実施しながら、兵庫津ミュージアム周辺の街歩きマップの制作を始めることとなった。

街歩きマップの掲載地点については、調査エリアを兵庫津ミュージアムから半径一・五キロメートル圏内として、ゼミ生全員が一カ所ずつ担当し、二十七カ所の調査にあたった。夙川の街歩きマップ制作時と同様、プロのデザイナーから取材における心構えなどを講義してもらった上で、コンセプトを「子供から大人まで、家族で学べる教科書的な兵庫津マップ」とし、ターゲットは小さい子供連れの家族とした。マップの大きさは実際に持ち運びしやすいようにA５サイズとしたり、小さい子供でも読めるように文章にふりがなを打つなどの工夫を凝らした。

実際の調査にあたっては、まずは全員で兵庫津周辺を歩きながら掲載場所を選択し、事前の下調べから現地での聞き取り調査、写真の撮影、原稿の作成、校正まで、全て学生のみで行った。また、兵庫県の協力により、兵庫津と西宮の歴史を説明する記事も掲載し、和田岬砲台を所有する三菱重工業、西宮砲台のある西宮市からの写真提供も受けた。

約半年間の制作期間をかけて完成したマップ（図7－6）は、兵庫津ミュージアムや調査先の神社

図 7-6　兵庫津ミュージアム周辺を調査した街歩きマップ（実物は A5 サイズ 12 ページの冊子）

図 7-7　連携活動が掲載された神戸新聞の記事（2022 年 6 月 3 日朝刊）

ひょうご総合

兵庫津 歩いて学んで　県と大手前大、マップ制作

駅跡や神社など27カ所紹介

兵庫県と大手前大（西宮市）は、昨年11月にオープンした「県立兵庫津ミュージアム・初代県庁館」（神戸市兵庫区中之島2）周辺の散策スポットを、冊子「『兵庫津』街歩きマップ」にまとめた。寺社仏閣をはじめ、鉄道駅跡やスポーツ施設など学生目線で選んだ27の立ち寄り先を紹介している。

同ミュージアムは県政150周年記念事業として整備。初代県知事の伊藤博文が使った知事執務室などを再現した県庁舎、旧船見番小屋など8棟が並ぶ。今秋には展示施設「ひょうごはじまり館」も開館する。

県と大手前大は約2年前、マップ作りに向けた協議を始めた。現代社会学部観光ビジネス専攻の学生が昨年7月ごろから制作に着手。「子どもたちに兵庫津地区を家族と一緒に歩いて学んでもらいたい」をコンセプトに、学生らは現地調査や取材、執筆を担い、今年3月に完成させた。

日本三大大仏の一つに数えられた総高18㍍の兵庫大仏、「十日えびす」で知られる柳原蛭子神社、平清盛ゆかりの歴史を愛らしく伝える像「清盛くん」などを掲載。また、JR兵庫駅から1・6㌔先の線路脇に残る「鐘紡前」駅跡や、鉄道車両の製造会社「川崎車両」、総合スポーツ施設「ミズノスポーツプラザ神戸和田岬」といった近現代的な巡り先も網羅し、地域の多彩な魅力を伝えている。

A5判12㌻。初回2千部を発行。同ミュージアムや掲載施設で配っている。

（金　旻革）

大手前大の学生が中心となって制作した「兵庫津」街歩きマップ＝兵庫県庁

や寺院等で配布するため、ゼミ生全員が直接現地に持参し、さらに兵庫津ミュージアム開館記念事業として兵庫五国地域で実施している講演会でも配布した。兵庫県とのこれらの活動は神戸新聞でも取り上げられ（図7－7）、その掲載から各方面から評価を受けることとなり、兵庫県中央図書館での郷土資料としての保存、また地下鉄海岸線全駅での配布など、幅広く地域に貢献する結果となった。

三　地域資源の継承と観光学

さて、上に挙げたゼミ活動は、二〇二〇年からのコロナウィルス感染拡大の中で行った活動であることは前述の通りである。コロナウィルスの感染拡大はまた、それまでのインバウンドによる活況に沸いた日本の観光市場に大きな打撃を与えたことは言うまでもない。

観光庁によると、感染拡大前の二〇一九年の訪日外国人旅行者数は、ビザの戦略的緩和や訪日外国人旅行者向けの消費税免税制度の拡充、航空・鉄道・港湾等の交通ネットワークの充実、多言語表記をはじめとする受入環境整備、魅力的なコンテンツの造成、および日本政府観光局等による対外プロモーション等によって、過去最高の三千百八十八万人を記録していた。当初予定されていた二〇二〇年の東京オリンピック・パラリンピック開催によって、さらなるインバウンド増加への期待が高まっていたが、感染拡大による入国制限のため、二〇二〇年の訪日外国人旅行者数は四百十二万人と大きく減少、さらに二〇二一年も二十五万人とインバウンド市場は大幅な縮小を余儀なくされた。

そのような観光を取り巻く環境が厳しい中で発刊された令和三年版の『観光白書』ではこのように述べられている。

新型コロナウィルス感染症の拡大以降も、我が国の「自然」「気候」「文化」「食」といった魅力は何ら失われていない。これらの観光資源をフル活用し、国内観光客による地域の魅力の再発見や単価向上・長期滞在を実現する。さらに、観光地等の受入環境整備を着実に実施し、国内外の感染状況等を見極めた上でのインバウンドの段階的復活に向けた取組を推進する。観光は成長戦略の柱、地方創生の切り札であり、二〇三〇年六千万人等の目標達成に取り組み、官民一丸となって観光立国を推進する。(15)

コロナウィルスと共存しつつ、まずは国内観光客による観光市場復活への指針といったところであるが、ここに挙げられる地域の魅力の再発見の重要性は、コロナ拡大前においても地域活性化の切り札となる着地型観光に着目する時代の潮流であったと言えよう。そこにコロナウィルスによる移動制限が重なったことで、マイクロツーリズムのような、身近な地域の観光の魅力を見直す認識を深めることとなったとも言える。

このような地域側からの観光が重要視される時代においては、観光振興のあり方を今一度問い直す作業が必要であるのだろう。マスツーリズムが主流であった一九七〇年代からバブル期の一九九〇年代にかけて、特に地方都市においては、ハードとしての観光施設（例えばリゾート法による開発）の建設による観光地開発が積極化されたが、バブル崩壊後はその多額の投資の債務が残り、開発の妥当性が問われることとなった。さらに一九九〇年代後半からの情報通信革命による急速な社会の高度情報化は、観光客の多様化を一段と進めることとなり、画一的で効率を求めた観光地開発は時代に即したものではなくなってきた。

ところでそもそも観光という言葉は、ツーリズムが日本語に翻訳される際に、『易経』の「国の光を見る。王に賓たるに用いるによろし」から引用されたものであることは、観光学では広く知られていることである。この「国の光」とは、「一国の風俗の美」[16]であり、他国の人々はそれらを観ることにより、そこに暮らす人々の生活文化の豊かさ、あるいは統治者の素晴らしさを知り、そして自らの身の振り方を考える、ここに観光の原義がある。

このような観光の原義としての「国の光」とは、すなわち自然、歴史、文化、生活、産業といった、既に国や地域に備わっている固有の資源であり、現代的に言えば、コンテンツとしての地域資源として読み取ることができよう。そのように解釈するならば、これからの地域観光の振興にとって、コンテンツとしての地域資源の発掘と継承が重要となることは言うまでもない。

他国を見聞することによって、自らにはないものを学びとって自らの発展の糧とする観光の原義は、ハードからソフト化する現代社会における観光の主題ともなる「学び」の現代的意義をも示唆するものである。そしてそのためには、地域に蓄積された厚みのある物語性が不可欠である。現在文化庁により推進されている日本遺産は、後世に継承すべき地域に点在する文化財をストーリーで結びつけ、地域活性化に繋げることを意図するものであるが、そのためには地域が歩んできた結果としての物語性への深い理解が必要である。

大学における観光についての学びをその視点から捉えるならば、これから人生とともに歩んでいく自らの街を再認識する作業とも言える。先に挙げた復元された初代県庁館で執務をとった最初の兵庫県知事が伊藤博文であるが、伊藤が初代内閣総理大臣であることは小中高の社会科教育によって多くの学生が学び、知識として蓄えている。その一方で、若き日の伊藤が、神戸港開港当時に神戸で勃発した神戸事件の解決にあたり、その後、初代兵庫県知事になったという歴史はどれほど認識されているであろうか。

そこには、現代に暮らす我々共通の課題としての、自らの足元の地域のなりたちに関する知識と情報の不足があるとも言える。それはまた、近代以降の都市化によって表出した地域のアイデンティティの喪失と言えるのかもしれない。現代における観光振興には、多様なメディアによる地域の魅力の効果的な発信が不可欠であることは言うまでもないが、地域に蓄積された分厚いコンテンツとしての基盤がなければ、表面的な地域振興に終わってしまう可能性を孕んでいる。すなわちその基盤を掘り起こすことによって得られる知識こそが、真の観光振興にとって欠かせない要素となるのであり、現代における観光学教育にとって、地域を俯瞰できる能力が必要である理由はそこにあるのである。

大手前学園	STUDY FOR LIFE　生涯にわたる，人生のための学び
関西学院	Mastery for Service　奉仕のための練達
甲子園学院	黽勉努力・和衷協同・至誠一貫
神戸女学院	愛神愛隣
辰馬育英会甲陽学院	気品高く教養豊かな有為の人材の育成
仁川学院	Pax et bonum　和と善
報徳学園	以徳報徳・至誠勤労・分度推譲の精神
武庫川学院	高い知性・善美な情操・高雅な徳性

表 7-1　西宮市にある各学校法人の建学の精神（関西学院はスクールモットー，辰馬育英会甲陽学院は教育方針，報徳学園は校風三則）

結びにかえて

現在、都市部を中心に数多くの自治体において、地域への愛着や誇りといったシビックプライドの醸成をまちづくりの重要課題として掲げているが、裏を返せば、それは我が街への意識が希薄化している証左でもある。地域社会や組織の中でどのような形で暮らし、働き、そして人生を送っていくのか、自らとそこに暮らす地域のアイデンティティをどのように確立していくのか、そこには人生を通じた学びが不可欠である。現代の大学においても、学生が生きていくための生きる術をいかに提供するか、そこに学生教育として求められる本質があると言えよう。

その学生教育の本質を示したものが建学の精神であると言えよう。例えば、西宮市の各学校の建学の精神（**表7-1**）には、学生がこれからの社会の中で生きていく指針として、先に挙げたような、実業家としての社会奉仕、キリスト教の教え、自立する女性という地域固有の特性が色濃く反映されている。

自らの街を再認識し、地域に蓄積された地域資源を発掘、継承する観光の学びは、この建学の精神そのものでもあると言え、まさに自らが生きていく場所を照らすリベラルアーツ教育に他ならないのである。

さて、今回取り上げたゼミ活動において、情報の発信媒体は全てリアルなものであった。言うまでもなく現代の観光において、特に若年層向けに必須となる情報媒体はインスタグラムやTikTokをはじめとするSNSであり、行政や民間企業ともにそれらを効果的に活用しつつも、若年層に地域の観光の魅力をどのように伝達するべきなのか、苦慮しているところである。さらにコロナウィルス拡大によって、オンライン空間での学びが一般化した中で、現地調査を伴うリアルな空間での学びによる学習効果も検討する必要があるだろう。

しかしながら、リアルな空間で地域を再発見し、また地域と関わっていった学びは、卒業後にも繋がる人生を考えていくきっかけとなる経験にもなったと言える。それはまさにリベラルアーツ教育を体現する学修であったと言えよう。

＊

本シンポジウムでの報告に関わる連携活動にご協力頂いた夙川、苦楽園、香櫨園地区の各店舗の方々、西宮市産業文化局都市ブランド発信課、西宮観光協会、西宮珈琲の扉プロジェクト参加の珈琲店各社、兵庫県地域振興課兵庫津ミュージアム整備室、兵庫津地区の神社、寺院、各企業の方々、他関係各位に深く感謝致します。

【註】

（1）リクルートの不動産情報サイト「SUUMO」の調査では、阪急神戸線の西宮北口駅地区が平成二十五年（二〇一三年）以来、九年連続首位に輝いている。

（2）西宮市ホームページより。

（3）なお各学園に関する説明は創立年代順としている。

（4）報徳学園『報徳学園五十年小史』報徳学園、一九六一年。

（5）学校法人辰馬育英会甲陽学院中学校・高等学校ホームページ「学院案内」（http://www.koyo.ac.jp/gaisetu.html）二〇二二年七月十八日閲覧。

（6）寺澤美代子「神戸女学院の創設と初期の英語教育」『日本英語教育史研究』日本英語教育史学会、五巻、一三一―一五七頁、一九九〇年。

（7）関西学院百年史編纂事業委員会編集『関西学院百年史通史編1』関西学院、一九九七年。

（8）学校法人仁川学院ホームページ「仁川学院の沿革」（https://www.nigawa.ac.jp/about/history.html）二〇二二年七月十八日閲覧。

（9）学校法人夙川学院ホームページ「沿革」（http://www.shukugawagakuin.net/step/）二〇二二年七月十八日閲覧。

（10）学校法人武庫川学院ホームページ「沿革・歩み」（https://www.mukogawa-u.ac.jp/~kohoj/history.html）二〇二二年七月十八日閲覧。

（11）　学校法人甲子園学院ホームページ「沿革」（https://www.koshiengakuin.jp/history/）二〇二二年七月十八日閲覧。

（12）　川口宏海「『夙川と大手前大学』――その創設と関係する人々の物語」『平成二十六年度大手前大学公開講座講義録「集う――夙川・知の散歩道　知る・出逢う・辿る・詠む」』大手前大学、二〇一四年。

（13）　スペシャルティコーヒーとは、日本スペシャルティコーヒー協会によれば、コーヒーの豆（種子）からカップまでのすべての段階において一貫した体制・工程・品質管理が徹底されていること、生産国においての栽培管理、収穫、生産処理、選別、品質管理が適正になされ、欠点豆の混入が極めて少ないこと、適切な輸送と保管により、劣化のない状態で焙煎されて、欠点豆の混入が見られない焙煎豆であること、適切な抽出がなされ、カップに生産地の特徴的な素晴らしい風味特性が表現されること、と定義されており、現代において注目される「サスティナビリティ」や「トレイサビリティ」の概念も重要視したコーヒーのことである。

（14）　旧五国とは、大手前大学のある西宮市がかつて属していた摂津国をはじめ、播磨、但馬、丹波、淡路という、現在の兵庫県を構成する近世以前の五つの行政区分のことである。

（15）　国土交通省観光庁編集『観光白書（令和三年版）』、二〇二一年、二一七頁。

（16）　溝尾良隆『観光学全集1　観光学の基礎』、原書房、二〇〇九年。

日韓ファンのコミュニケーションとコンフリクト

――メディアコンテンツのトランスナショナルな消費を通じて

小新井涼

はじめに

二〇〇〇年代後半以降、Ｗｅｂ２・０への移行やそれに伴うデバイスの進化、様々なオンラインサービスの普及と定着により、人々の消費形態は大きな変化を遂げた。とりわけ、そうしたオンラインネットワークやデジタル環境とも親和性の高い、映画や音楽、アニメやゲーム、漫画といったメディアコンテンツは、制作された国や地域を超え、世界中で消費され、異なる国や地域で新たなファンを増やし続けている。

たとえば、二〇一九年以降日本で大きな社会現象を起こした『鬼滅の刃』は、日本国外における世界最大級のアニメ配信プラットフォーム・米クランチロールによる〈アニメアワード二〇二〇〉にて、その年を代表するタイトルとして選出された（Crunchyroll n.d.）[1]。各国各地域のファン投票も反映されたこの結果からは、日本でのテレビシリーズ放送とほぼ同時期に世界中で配信された本作アニメが、世界中で消費され、日本と同様に各国各地域のアニメファンから高い評価を受けたことが窺える。

同様に、ここ日本においても世界中のメディアコンテンツが続々と輸入され、日々トランスナショナルな消費が行われている。特に近年著しいのは、ネットフリックスやアマゾンプライムビデオをはじめとするオンラインプラットフォームを通じたトランスナショナルなメディアコンテンツの消費だ。二〇二一年に世界的なムーブメントを引き起こしたネットフリックスオリジナルドラマ『イカゲーム』（二〇二一）は同じく日本でも話題となり、配信二週目以降、二カ月程視聴数ランキングの首位を維持し続けた（Netflix n.d.）[2]。また、アマゾンプライムビデオの『バチェラー・ジャパン』（二〇一七）や『ベイクオフ・ジャパン』（二〇二二）など、各国のリアリティ番組の配信が好評を受けた後、日本においてローカライズされる事例も散見される。

変わったところでは、日本で制作されたアニメ映画『プロメア』（二〇一九）の、海外での劇場公開用に作られた英語字幕／吹替え版が、日本のファンからの熱い要望に応えて逆輸入され、日本の映画館でも上映されるという異例の事態もあった。一連の流れとは関係の無い出来事にも見えるが、実は日本のファンの要望の根底には、世界で上映された英語字幕／吹替え版を鑑賞したファンが発信したセリフの英語翻訳や英語版キャストの評判を、ソーシャルメディア等を通して知り、興味が持たれたということがある[3]。これも、日本で制作されたアニメが世界各地で消費されると同時に、ローカライズされた作品情報やファンの感想が、ソーシャルメディア等を通して、日本にまでリアルタイムで伝わるようになった、現代ならではの消費形態が引き起こした出来事であるといえよう。

こうした社会的背景を受けて、近年様々な学術分野においても、オンラインネットワークを活用したトランスナショナルなメディアコンテンツの消費や、それによるメディアコンテンツのファンが行う実践に焦点を当てた研究が蓄積されてきている。例えば、メディアスタディーズの分野においては、K－POPが韓国近辺のアジア諸国だけでなく、ソーシャルメディア等が活用されながら北米や西欧諸国においてもトランスナショナルに消費されている事に着目した研究等がある（Jin & Yoon 2014,[4] Jin 2018[5] 他）。

また、コンテンツツーリズムスタディーズやファンスタディーズの分野においては、日本のメディアコンテンツと共にトランスナショナルに伝播した日本のファン文化が、各国各地域でローカライズされる様子を分析した研究も行われている。例えばラスタティ（二〇二一）[6]では、日本的なコスプレが二〇〇〇年代以降、インドネシアでも活発に行われるようになった時に、現地に根付いたイスラム教を背景とする文化や風習の中でどのようなローカライズが行われてきたのかが述べられている。また、Molone（2013）[7]では、日本で発展したボーイズラブ（男性同士のラブストーリー等を描いたメディアコンテンツのジャンル）がドイツに伝わった際に、どのように現地で消費され、その地域ならではの展開が行われてきたのかにも言及されている。

ただ、現在進行形で流動的に変化を続ける事例の新規性もあり、こうした学術分野における研究の蓄積は未だ十分とは言えず、今後もさらなる実証的な分析が必要とされている。特に、通信技術の発展によりメディアコンテンツがトランスナショナルに消費された際に、同じメディアコンテンツのファンでありながら異なる文化的背景を持つ各国各地域のファン同士の間にどのような交流が生じているのか。この点に関する分析は、ファンスタディーズのみならず、広く今後のメディアスタディーズやメディア人類学といった様々な分野においても言及されるべき事柄であろう。

こうした社会的、学術的背景を踏まえ、本章では、メディアコンテンツのトランスナショナルな消費をきっかけに生じる、異なる文化圏のファン同士のコミュニケーションとコンフリクトについて、実際の事例を交えながら分析を行う。具体的には、日本と韓国におけるアニメやアイドルといったポップカルチャーのファンを対象に、それぞれの国のファン同士が、メディアコンテンツのトランスナショナルな消費を通じてどのような交流を行い、そうした交流の背景には何があるのかを明らかにしていく。

近年の日韓関係——逼迫する地政学的状況と活発なメディアコンテンツの消費

具体的な分析の前に、今回対象とする日本と韓国のファンを取り巻く、近年の日韓関係について改めて確認しておきたい。

植民地問題や慰安婦問題をはじめとする戦時中の遺恨を巡り、日本と韓国の両国では戦後近年に至るまで、長らく地政学的な緊張関係が続いてきた。国交や観光交流こそあり、二〇〇二年にはサッカー・ワールドカップが日韓共同で開催されるなどの友好関係も見せたものの、二〇一〇年代後半には政権交代に伴い一時〈戦後最悪〉と称されるほどにその関係性は冷えきってしまう（外務省　二〇〇二、霜越・青木　二〇二二）[8]。二〇二二年現在の政権下においては、そうして悪化した関係性の回復にむけた動きが改めてとられてはいるものの、両国の地政学的関係は、その時々の政権や時世に左右され、常に張りつめた状態であることに変わりはない。[9]

その一方で、両国におけるメディアコンテンツのトランスナショナルな消費は二〇〇〇年代後半の通信技術の発展に伴い、冷え込む政治的関係とは対照的に活発に行われてきた。特に二〇一〇年代以降のポップカルチャーコンテンツの輸出入、両国のファンによる消費やオンライン上での情報共有、ファン文化のトランスナショナルな伝播などは、むしろ戦後最高潮に活発になっていると言っても過言ではないだろう。日本におけるＫ－ＰＯＰアイドルの人気、彼ら彼女らが使う韓国コスメやファッションの消費、『愛の不時着』（二〇一九）といった韓流ドラマのブームをはじめ、韓国発の縦読み漫画ウェブトゥーンといったデジタルコンテンツもすっかり浸透している。

日本では二〇〇〇年代にも一度、『冬のソナタ』（二〇〇二）に端を発する韓流ブームが特に主婦層を中心に生じ、韓国発のメディアコンテンツの消費や韓国旅行が盛んになった時期があった。しかしそれらと二〇一〇年代以降の韓流メディアコンテンツの活発な消費との違いを挙げるとしたら、十代も含む幅広い年齢層によるものであり、そうしたデジタルネイティブ世代を中心にオンラインネットワークやデジタルデバイスが存分に活用されている点だろう。

同様に、韓国においても日本のメディアコンテンツの消費は活発に行われている。特に以前より人気の高い日本のアニメは、オンライン配信により日本とほぼ時差なく最新作が視聴できるようになり、劇場作品についても、公開までの時差や日本不買運動の流れを受けての公開延期などは一部ありつつも、人気タイトルは堅実にヒットを生んでいる（ウォリック　二〇一九、[10]ソウル聯合ニュース　二〇二二等）。[11]

そうした状況下で近年とりわけ顕著なのは、ソーシャルメディアを通じた情報発信や情報共有を通じて、韓国の日本アニメファンによる実践が、日本にいるファンに認識されるほど活発になっていることだ。韓国にいる日本アニメのファンの情報発信や共有は、日本人のアニメファンも多く利用しているソーシャルメディア・Twitterで主に行われている。そのため後述していく通り、メディアコンテンツそのものの情報だけでなく、それらをトランスナショナルに消費するファンの様子やその実践までもが国境を超えて共有され、異なる地域のファン同士がオンライン上で活発に交流する姿さえ散見されるようになったのだ。

戦後長らく続いている地政学的な緊張関係の一方で、互いの国のメディアコンテンツのトランスナショナルな消費は両国で活発に行われている。こうした相反する状況の中で生じる、ソーシャルメディア等を通じた両国のファン同士の交流は一体どのような側面を見せ、それらはどのような特徴を持っているのか。次節では今回焦点を当てる事例の説明を行い、その後の節からは、具体的に両国のフアンの交流が生み出すポジティブな面、ネガティブな面をそれぞれ挙げ、その分析を行っていく。

日本のアニメ映画『KING OF PRISM』と応援上映

メディアコンテンツのトランスナショナルな消費と、異なる地域のファン同士の交流を分析するための具体的な事例として、本章では二〇一六年以降劇場公開及びテレビ放送されているアニメ作品『KING OF PRISM』シリーズと、そのファンに焦点を当てる。

本作は、二〇一三年から二〇一四年にかけて放送されたテレビアニメ『プリティーリズム・レインボーライブ』のスピンオフ作品として制作され、二〇一六年に劇場公開された『KING OF PRISM by PrettyRhythm』(二〇一六)以降、『KING OF PRISM――PRIDE the HERO』(二〇一七)、『KING OF PRISM――Shiny Seven Stars』(二〇一九)、『KING OF PRISM ALL STARS――プリズムショー☆ベストテン』(二〇二〇)が制作されてきた。内容は、歌とダンスとスケートを組み合わせた〈プリズムショー〉というパフォーマンスを行う存在〈プリズムスタァ〉を志す主人公達が、時に挫折しぶつかり合いながらも、絆を深め成長していく姿を描いたライブアクション有りの青春ストーリーとなっている。本作は日本だけでなく、台湾・香港といったアジア各地域でも上映が行われ、特に日本と韓国では、全シリーズの劇場上映に加えて行われてきた特別興行である〈応援上映〉が広く話題を呼び、その後主要な映画の上映形態のひとつとして定着するきっかけともなった。

Koarai（2021）[12]において、応援上映は以下の通り説明されている。応援上映とは、映画館での上映中に、観客による声を出しての応援やペンライトの使用、コスプレを許可する特別興行のことである。こうした映画の上映中に観客によるパフォーマンスが行われる先行事例としては、西欧における『ロッキー・ホラー・ショー』（一九七五）や『アナと雪の女王』（二〇一三）といったミュージカル映画が挙げられるだろう。しかしそうした先行事例と応援上映との間には、通常上映時においても観客による拍手や笑い声が生じることの多い西欧諸国と比べ、映画の上映中は「究極の静寂性」（加藤　二〇〇六）[13]が特に求められる日本の観客文化の中で生じた事例であるという点に大きな違いがある。

また日本においても、上映中に観客がペンライトを振って映画のキャラクターを応援する『映画プリキュア』シリーズや、観客による自発的な声援が起きた『ムトゥ 踊るマハラジャ』（一九九五）といった先駆例が存在する。しかしながら、映画本編とのコールアンドレスポンスのような声援やペンライトの使用、コスプレといったファンのパフォーマンスが特徴的な現在のスタイルで応援上映が定着したのは、『KING OF PRISM』（以下『キンプリ』と表記）シリーズがきっかけであると言えるだろう（小新井　二〇一九）[14]。

応援上映の興行自体は、映画の製作者側が企画し、全国の映画館が実際に上映するというトップダウン的な実施形態となっている。しかしその一方で、応援のタイミングやペンライトの使用は基本的には観客に一任[15]されており、同じ映画を何十、何百回と鑑賞した観客達の手によって徐々に応援のフォーマットが形成されていく[16]というボトムアップ的な側面を持つ。こうした応援上映という独特な興行形態での盛り上がりが映画本編の周知と人気を後押しし、本作及び応援上映の文化は、特に頻繁に上映が行われてきた日本と韓国において、根強い支持と熱狂的なファンを生みだしてきた。次節からは、この『キンプリ』シリーズ及び応援上映の韓国におけるトランスナショナルな消費に端を発する日韓ファンの間で生じた交流について、筆者の日本と韓国でのフィールドワーク及びオンラインエスノグラフィーを通じて得たデータを元に分析を行っていく。

日韓ファンの交流が生み出したポジティブな側面

地理的な障壁の超越

日本で生まれた『キンプリ』シリーズや応援上映文化が韓国においてトランスナショナルに消費され、定着することで生じた日韓ファンの交流におけるポジティブな側面としては、まず地理的障壁の超越が挙げられる。

日本でのアンケート調査と韓国でのインタビュー調査、及びTwitterでのオンラインエスノグラフィーを通して、本作及び応援上映を動機とした日本のファンによる韓国へのツーリズム、及び韓国のファンによる日本へのツーリズムが生じていることが確認できた。つまり日韓それぞれのファンが、それぞれの国の最寄りの映画館でも同じ内容の映画が鑑賞できるにも関わらず、わざわざ国境を越え、異なる地域の映画館で上映される『キンプリ』の鑑賞及び応援上映への参加を行うという現象が生じているのである。

　そうしたツーリズムを生じさせる要因のひとつとして挙げられるのが、ソーシャルメディアを通じて発信される、各国のファンによる応援上映での体験の共有だ。先述の通り、応援上映における応援方法には、歌舞伎の大向のような決まった型はなく、その映画館の応援上映に何度も参加する観客達によって、上映を重ねる度に形成されていく。そのため、大まかなフォーマットは共通していながらも、その地域の上映に通う観客達の応援の仕方によって、徐々に東京式応援、大阪式応援とでも呼べるような、方言のような地域性が生じてくるのだ。[17] これは日本と韓国の応援上映においても同様であり、日本にはない応援方法が韓国で行われていたり、韓国にはない応援方法が日本で行われていたりと、同じ映画でありながらも、そこで展開される応援にはローカル色が強く生じてくる。

　ただ、そうした地域による応援方法の違いがただ生じているだけでは、別の地域、ひいては別の国の作品ファンがわざわざ地理的障壁を超えてまで映画鑑賞のためのツーリズムを実施するに至るのはまだ難しいだろう。ここで決定打となってくるのが、ソーシャルメディア上で発信される、各国各地域における作品ファンによる、応援上映体験の発信と共有である。

『キンプリ』及び応援上映が定着した二〇一六年以降、各地域各上映回で行われた印象的な応援方法は、日韓のファンによってソーシャルメディア上で活発に発信、共有されてきた。そうして〈今日の上映ではこんな応援がされていた〉、〈よく行く映画館ではこんな応援がされている〉、〈別の映画館に行ってみたら最寄りの映画館とは違った応援がされていた〉といった各地での応援上映の様子が別の地域のファンにも共有されていったのだ。そうして各地の応援上映に違いがあることを知ったことも、他の地域の応援上映にも参加してみたいという強い動機を生じさせる後押しとなったのだろう。

また、異なる国で行われている応援上映に参加するには、そうしたオンライン上で得る他の地域のファンによって発信された情報がことさら重要になってくる。例えば、日本の応援上映では主に日本語で、韓国では主に韓国語で応援が行われる。そのため、別の国の応援上映に参加する際には、ソーシャルメディア上で共有される互いの国の応援方法を事前に知っておくことが、異なる言語、異なる地域で行われる応援上映に参加する際に大きな手助けとなってくれるのだ(18)。

残念ながら、こうしたメディアコンテンツのトランスナショナルな消費や、ソーシャルメディア上でのファンの情報共有を動機とした実際のツーリズムは、COVID-19の世界的な流行により二〇二二年現在、実施することが難しい。しかしそうした状況下においても、日韓それぞれで本作の上映や応援上映は実施され続けており、その様子がソーシャルメディアを通じてそれぞれの国のファンの間で共有されることで、パンデミック収束後に向けたツーリズムへの欲求も高まり続けている。

応援文化のローカライズと韓国文化の逆輸入

日本で生まれ、韓国に伝わった本作と応援上映文化だが、それらは単にトランスナショナルな消費が行われているだけでなく、伝播した先の韓国において、現地の文化と交じり合い、独自のローカライズも行われている。

例えば**別図8-1**の写真右側のイラストは、韓国でも特に応援上映が盛り上がる映画館として知られている〈メガボックス東大門〉の最寄り駅・地下鉄東大門駅に掲載された『キンプリ』の広告なのだが、これはなんと、映画の製作元や配給会社ではなく、現地のファンが有志を募り、ファン自らが掲出した地下鉄広告となっている。[19] 日本では、このようにファンが自ら資金を出し合って駅やビル、街頭ビジョンに応援するメディアコンテンツの広告を掲載するという文化は、まだ韓国程浸透していない。

実はこうした韓国の『キンプリ』ファンの実践は、韓国K-POPのファン文化に由来している。写真の看板の左隣に掲載されている男性アイドルが写った広告がまさにそれで、このように、自身が応援するアイドルのために、ファンが自ら地下鉄広告を出すというのは、韓国ではいたってポピュラーなファン文化のひとつとされているのだ。

また、同じく特徴的な韓国独自のファン文化としては、本作上映時にファンによる個人制作物の配布会が行われていることが挙げられる。これは配給元が許可した場所と日時に、応援上映に参加するファンが手作りした本作関連のシールやポストカード、メッセージボードといった個人制作物を、同じく応援上映に参加するファンに対して無料配布するというミニイベントとなっている。日本のファン文化における同人誌即売会での無料配布に近いようにも思えるが、配布物の内容や配布形態からは、こうしたファン文化も、恐らくK-POPのライブ会場などで行われているというファン同士の無料配布文化が由来となっていることが考えられるだろう。

このように、日本で生まれ、韓国に伝わった『キンプリ』や応援上映だが、それらは単に現地で消費されるだけでなく、ラスタティ（二〇二一）が紹介したインドネシアでのコスプレ文化と同様に、現地のファン文化と交じり合い、独自のローカライズが行われている。こうして現地で醸成されたファン文化はやはりソーシャルメディアを通して日本のファンにも認知され、同じ映画の上映でも日本では体験できないアクティビティとして興味関心を引き、両国ファンのオンライン上での益々活発な交流を生み出す要因ともなっている。

日韓ファンの交流が生み出したネガティブな側面

意見表明方法の違い

しかし、そうしてトランスナショナルなメディアコンテンツの消費が活発になり、オンライン等を通じて異なる地域のファン同士の接触機会が増えることで、ネガティブな衝突が生じる機会も散見されてきている。本作関連の事例でいうと、韓国のファンのとあるアクションが原因となり、日韓ファンの間で不和が生じてしまうということがあった。そのアクションというのは、ファンが不適切に感じた作中の描写に対して、韓国のファンが該当シーンの削除や変更を求めて、日本の製作会社に向けて大量の一斉メールや一斉ＦＡＸを送るという、いわゆるメール・ＦＡＸデモである。方法としては、ソーシャルメディア、主にTwitter上でメールやＦＡＸで特定の時間に意見表明を行うようファン同士呼びかけ合うというもの。実際にメールやＦＡＸを送ったファン達は、その後送信履歴などを投稿することで、賛同の意思表示も行っていた。

このアクションは、韓国内のファンだけでなく、ソーシャルメディアを通じて日本のファンの目にも入った。しかしこうした手段を用いたファンの意見表明は、日本ではあまり馴染みがなかったため、急に大量のメールやＦＡＸが海外から送られてくるという状況に、日本のファンの間では意見への賛同よりも、異質な抗議方法への驚きや戸惑いを伴った反応が多く生じてしまう。作品に対して感想や批評、抗議に至る程の強い意見を持つのはファンの自由だとしても、それらを製作者側に伝える手段として、企業の問い合わせ窓口に大量の一斉メールやＦＡＸを行うのは、あまりにも攻撃的すぎるとして日本のファンから批判の声があがったのである。そうしてソーシャルメディア上では、一時期それぞれの国の一部のファン同士による対立や衝突、議論が繰り返されることになったのだ。

ただし、こうしてこの事例を取り上げたことに、韓国のファンの行いを批判する意図はないということには留意していただきたい。確かに日本のファンには馴染みがなく、見方によっては行き過ぎたファンの実践にも見えてしまうこの抗議方法だが、そうしたアクションの根底にも、それぞれの国で培われてきた異なるファン文化のルーツが隠れているのだ。日本ではあまり馴染みのないこのメール・ＦＡＸデモも、実はＫ－ＰＯＰファンの間ではいたってポピュラーな行為であり、例えば、自分の応援するアイドルを事務所からの不当な扱いから守るためのいちファン活動として頻繁に行われているものなのだという。そのため今回の一件も、韓国のファンにとっては日本のファンや製作者をむやみに攻撃する意図はなく、あくまで自分達の好きな作品を応援するための一般的なファン活動として、メール・FAXデモという手段が取られたようなのだ。

特定の表現への反応

上記事例のみならず、本作関連以外でも、近年メディアコンテンツがトランスナショナルに消費され、オンライン上でのファン同士の交流が活発になったことで、日韓のファン同士が衝突する事例は多数存在している。中でも近年、日本のファンにも可視化されることの多いものとしては、特定の表現に対する韓国の人々からの反発だ。例えば、韓国でも人気の高い『鬼滅の刃』関連でも、主人公の耳飾りが旭日旗を彷彿させるとして、デザイン変更を求める声が挙がったということが、日本でも報道されるほど注目を集めた（衣輪　二〇二一）[20]。

また、日章旗や旭日旗といったモチーフと共に、度々特定の地域のファンから批判が集まりやすい表現としては、〈大正浪漫〉という言葉も挙げられる。日本では大正時代当時の和洋折衷な風俗が持つ独特の魅力を称して一般的に使われている言葉ではあるが、特に大正時代にあたる時代に植民地支配をされていた地域のファンからは、そうした当時を浪漫という言葉で美化することに対して反発が生じることが多い。実際に、メディアコンテンツの展開では、大正浪漫をモチーフとしたアニメグッズや衣装に対し、一部の人々から反対の声が挙がることも少なくない（リアルライブ　二〇一八）[21]。最新の事例でも、韓国でも配信されている日本のスマートフォンゲーム内の衣装が大正浪漫を想起させるものだとして現地ファンから反発が生じ、韓国の配信会社が謝罪のうえ該当衣装の使用を控えたことが報道されている（J-CAST ニュース 二〇二二）[22]。

こうしたトランスナショナルな消費を原因とした現地ファンからの反発の声というのも、該当地域内に止まらず、ソーシャルメディアや報道を通じて日本のファンの目にまで入る機会が増えている。そのため、現地ファンからの一方的な反発の声だけでなく、それに対して日本のファンが〈過剰反応だ〉といった反発の声を挙げ、両国のファンの間で衝突が起きる機会も同様に増加の傾向をたどっているようだ。

交流と衝突の背景にあるもの

特徴としてのK－POP文化

このように、メディアコンテンツのトランスナショナルな消費に伴った日韓ファンの交流には、ポジティブな交流を生む側面もあれば、ネガティブな衝突を生むという側面もある。そうした両義的なコミュニケーションが生まれる背景には、まずそれぞれの国のファンが持つ文化的背景の違いがあることが挙げられるだろう。

そのひとつとして特徴的なのは、韓国のファン文化全体に様々な影響を与えているK－POPのファン文化だ。本章の事例を概観してみても、韓国での『キンプリ』の消費や、ローカライズされた応援上映文化において、ポジティブな側面においてもネガティブな側面においてもK－POPのファン文化が多かれ少なかれ影響を与え、色濃く反映されていることが窺える。

また、そうして韓国で醸成されてきたK－POPのファン文化には、前述したようにこれまで日本ではなかなか見られなかった実践も多いが、メディアコンテンツと共にファン文化のトランスナショナルな伝播も起きることで、近年は日本にも浸透しつつある。例えばファンの出資によるアイドルの応援広告の掲出について。近年では日本でもその文化が徐々に広がりつつあり、実際に地下鉄のスペースや街頭ビジョンにアイドルの誕生日祝いや記念日に合わせて広告掲出が行われたり、そうしたファンの実践に応じる広告会社も登場している（株式会社春光社、日付不明[23]）。確かにこれまで日本では馴染みのない方法だったが、お気に入りのアイドルを応援したいという根底にある動機は日本のファンも韓国のファンも変わらない。そのため新たな応援手段として、たとえ異なる国で生まれた馴染みのないファン文化でも、日本の規則や慣習に合わせてローカライズしながら積極的に取り込むというトランスナショナルなファン文化のポジティブな輸入も積極的に行われているようだ。

だがその一方で、K－POPのファン文化における、日本ではまだあまり知られていない慣習がきっかけで、それぞれの国や地域のファン同士が衝突してしまうこともある。前述した韓国ファンのメール・FAXデモについても、日本では馴染みがない方法であるがゆえに、日本のファンの多くは何故韓国のファンがそんな手段を取るのかが分からず、攻撃的な抗議はやめて欲しいという反応が生まれた。一方で、韓国のファンには、何故日本のファンが自分達を止めるのかが十分に伝わらず（恐らく韓国では一般的なファンの抗議方法に対して反発が起きているとは思われなかったのだろう）両者の間で意見の食い違いが生じてしまったのだ。もしそこに両者の異なるファン文化の知識があったならば、日本のファンは韓国のファンの抗議方法が日本では一般的ではないことを伝えて代替案を伝えることができたかもしれないし、韓国のファンも自分達の意見を伝えるために別の手段を取れたかもしれない。そう考えると、それぞれが持つ異なる文化的背景が理解されぬままメディアコンテンツやファン文化がトランスナショナルに伝播してしまうことには、同時に異なる文化圏の人々に誤解や食い違いを生じさせてしまう可能性も含まれていることが指摘できるだろう。

異なる文化圏におけるファン文化の可視化

もうひとつの背景としては、通信技術やテクノロジーの発達により、異なる国や地域のファン同士の交流が活発かつ容易になったことで、異なる文化圏のファン文化が別の文化圏のファンにまで可視化されていることが挙げられる。通信技術やテクノロジーの発達は、異なる国や地域で生まれたメディアコンテンツがトランスナショナルに消費されることだけでなく、トランスナショナルな消費によって生じるそれぞれの地域でのファン文化のトランスナショナルな伝播も益々容易とした。確かにそれ以前からも、今ほど活発ではないにしろ、メディアコンテンツのトランスナショナルな消費や現地でローカライズされたファン文化の醸成も少なからず行われてきた。[24] しかしそれらが越境的に伝わる手段は現在ほど整備されておらず、頻繁に他の文化圏に伝わる機会はそれほど多くなかったと考えられる。

　そうして、各国各地域のコミュニティ内で完結しがちであったファン文化であるが、現在はソーシャルメディアをはじめとするオンラインネットワークを通じて、トランスナショナルに伝播し、他の文化圏のファンにまで伝わるようになった。実際に、前述した通り、『キンプリ』や応援上映の伝播をきっかけに韓国でローカライズされたファン文化を日本のファンも知ることができたり、逆に韓国のＫ－ＰＯＰ文化が日本に伝播し、浸透するといった現象も生じたりしている。

　アニメをはじめとするメディアコンテンツに関連するファン文化については、ことさらコスプレやファンアートといった分野においてトランスナショナルな交流が著しい。〈WorldCosplay〉や〈Pixiv〉といった特定のファンメイドコンテンツを投稿するオンラインプラットフォームへの作品投稿をはじめ、Twitter などのソーシャルメディア上での交流は、もはや投稿者の国や地域に関わらず頻繁に行われている。さらに、そこで交流を行う世界各地のファンは、各ソーシャルメディアのアプリケーションにほぼデフォルトで備えられている翻訳機能やオンライン翻訳サービスを活用することで、言語的障壁さえ乗り越えた交流も活発に行っているのだ。

　しかし、こうしてメディアコンテンツと共にファン文化がトランスナショナルに伝播するようになったことで、同時にこれまでになかった問題も引き起こされるようになってきている。前述したような、メディアコンテンツ内の描写への反発をはじめとする、異なる文化圏のファンからの批判の声も、ソーシャルメディア普及以前より一層届きやすくなってきているのだ。それぞれの国や地域のファン文化と同様に、別の文化圏で生まれたメディアコンテンツに対する現地のファンからの反発も、オンラインネットワークやデジタルデバイスの普及以前から少なからず生じてはいたことだろう。しかし、ファン文化同様、ソーシャルメディア等を通じてそうした異なる国や地域のファンによる批判の声がより可視化されるようになったことで、それらはより一層日本のファンの目にも触れやすくなってきている。そしてそれに伴い、異なる文化圏のファン同士がソーシャルメディア上での議論や衝突を起こす機会も増えてきているのだと考えられる。

最後に——今後のファン研究、メディアスタディーズにおいて重要視されるもの

トランスナショナルなファン同士の交流における二面性

本章では、主に日本発のメディアコンテンツである『キンプリ』と応援上映を中心に、それが韓国でトランスナショナルに消費された際に生じるファン文化のローカライズや、日韓のファン同士の交流について分析を行ってきた。二〇〇〇年代以降、通信技術の発達やデバイスの進化を経て、メディアコンテンツのトランスナショナルな消費はより活発化した。そして特に二〇一〇年代以降は、ソーシャルメディアやオンラインプラットフォームがより一層定着したことにより、異なる文化圏におけるファン文化のトランスナショナルな伝播や異なる国や地域のファン同士の交流というものも益々活発になってきている。しかしそれによって生じたトランスナショナルなファン同士の交流には、ポジ

ティブな側面とネガティブな側面の両方が内包されていることが明らかになった。

ポジティブな側面としては、これまではそれぞれの文化圏内で完結していたローカルなファン文化が異なる文化圏のファンまで伝わり、それが越境的なツーリズムの動機となったり、伝わったファン文化が現地でローカライズされ、新たなファン文化が生まれたりといったダイナミズムが生じていることが挙げられる。また、ソーシャルメディア上での活発な情報発信・共有を通して、言語的障壁を乗り越えた異なる文化圏のファン同士の交流も、二〇〇〇年以前と比べ活発に行われるようになった。しかしその一方で、活性化されたトランスナショナルなファン同士の交流は、時にその文化的背景の違いから、ネガティブな衝突を生み出す可能性も孕んでいることも指摘できる。それぞれの異なる文化的背景を知らないまま、その表面的な実践内容だけがソーシャルメディアを通して伝わってしまう状況においては、異なる国や地域のファンの間で、思わぬ齟齬や誤解が生じ、オンライン上で言い争いに発展してしまうケースも少なくはない。

異なる文化的背景の違い

トランスナショナルなファン同士の交流においてネガティブな衝突が起きてしまう背景としては、異なる文化圏に暮らすファン同士が、それぞれの文化的背景の違いを十分に理解しきれないまま、コミュニケーションだけが活性化してしまっていることが挙げられる。もちろんそれだけが原因ではないが、少なくとも、今回事例として挙げた日韓のファン同士の衝突のような事例に関しては、異なる文化的背景の理解が進むことで、それぞれの国のファンが衝突を避ける対応を取っていくことも可能であろう。

この問題については、ファンスタディーズにおいてSuida（2014）[25]が提唱したトランスナショナルコミュニケーションとトランスナショナルコミュニティの違いについての説明が当を得ている。Suida（2014）は、通信技術の発達やデジタルデバイスの進化などによって活性化されたトランスナショナルコミュニケーションを、「社会的・文化的な違いを超え、時間と空間の障壁を超えて存在する」（Suida 2014より要約）コミュニケーションであるとしている。しかしその一方で、そうしたトランスナショナルコミュニケーションとトランスナショナルコミュニティを混同してはいけないとも唱えている。トランスナショナルコミュニケーションにおいては、特定のメディアコンテンツのファンであるというアイデンティティが優先されるため、国籍や性別、年齢と言ったファンのオフラインでのアイデンティティはあまり重要視されない。しかしだからといってそうしたファン同士がトランスナショナルなコミュニティを形成可能なのかと言うと、それぞれのファンが持つ「ローカルな経済的、文化的、政治的、歴史的ファクターに基づいたファニズムの違いによって、グローバルでトランスナショナルなグループが形成されることはできない」（Suida 2014より要約）としているのだ。

今回取り上げた事例からは、そのことが部分的にではあるが実証的に証明されていることが窺える。同じメディアコンテンツのファン同士ではあるが、それによって前向きな交流が活発になる一方で、日韓のファンがそれぞれの文化圏で培ってきた異なる文化的背景の違いによる行動や考え方の違いも持っている。それを考えると、〈トランスナショナルなコミュニケーション〉を行っているからといって、彼ら彼女らが〈トランスナショナルなコミュニティ〉を形成しているかというと、決してそうとは言いきれないだろう。

戦後長らく続く地政学的な緊張関係のことを鑑みれば、メディアコンテンツのトランスナショナルな消費を通じて越境的な交流が行われる日韓ファンの関係性は驚くほど前向きと言える。しかしそうした状況をただ牧歌的に受け止めるだけでなく、そうしたファン同士の間にも異なる文化圏同士の意見の対立や衝突があることや、その根底に存在する異なる文化的背景があることも忘れてはならないのだろう。

今後のファンスタディーズ、メディアスタディーズにおいて目を向けるべきもの

最後に、本章の分析を受けて、今後益々活発となってくるであろうメディアコンテンツのトランスナショナルな消費や、トランスナショナルなファン同士の交流を調査するにあたり、目を向けていくべき項目を三つ挙げたい。

ひとつ目は、本稿で挙げた通り、活発になってきているメディアコンテンツのトランスナショナルな消費やそれに伴うトランスナショナルなファン同士のコミュニケーションには、ポジティブな側面とネガティブな側面の二面性が存在していることである。二〇〇〇年以降に活発化してきた新しい現象であるということもあり、こうした事象に関する報道や行政による広報では世界的な市場の拡大や

メディアコンテンツの消費を通した異文化理解といったポジティブな側面ばかりに焦点が当たりがちなきらいもある。しかし実際には、それに伴う異なる文化圏のファン同士の衝突というのも少なからず生じているのだ。それらを一部のファンによる単なる小競り合いとして看過せず、その背景にある原因について、こと該当学術分野といえるファンスタディーズやメディアスタディーズにおいては、詳細に言及していくことが重要視されるべきだろう。

ふたつ目は、困難なことではあるが、そうしてトランスナショナルなファン同士の交流を分析していく際に、それぞれの文化圏のファンを、あまり極端にはカテゴライズしすぎないよう注意すべきことである。本章においても、日韓ファンの比較ということで、日本のファン、韓国のファンそれぞれにおける主要な意見や行動を取り上げてその比較分析を行ったが、そうすることで看過されてしまうそれぞれの文化圏のファンの少数意見も存在することを忘れてはならない。

例えば、本章で取り上げた日韓ファンの間での衝突が生じた際にも、日本のファンの中で韓国のファンの主張に賛同するファンもいれば、韓国のファンの中にも、日本のファンの声に耳を傾けるファンは存在した。同様に、J-CAST ニュース（二〇二二）でも紹介されているように、特定のメディアコンテンツの表現に対して批判的な声を挙げているのはあくまで国民の一部の層のみで、それ以外のファンはむしろそうした主張を迷惑に感じているという事例も少なからず存在している。

確かに、明瞭な比較分析を行う上では、代表的な意見や主張を特定のグループにおける暫定的な総意として扱わざるを得ない。しかしだからといって、時に周囲の主要な主張に紛れて見過ごされがちであったり、周りからの同調圧力によって徐々にかき消されたりしてしまうような少数意見や例外を切り捨てていい訳ではない。そのため、特定のグループにおける暫定的な総意というのはあくまで主要な主張や意見にすぎず、特定のグループに属する全ての人々を強制的にカテゴライズできるものではないということを、常に留意していくことも重要となってくる。

三つ目は、オンラインエスノグラフィーを実施するにあたり、特定の文化圏におけるファンの意見や主張を収集する際に混じっているノイズを認識していくことだ。特に今回取り上げた日本と韓国のように、元々地政学的な緊張関係や対立のある文化圏のファン同士で対立や衝突が生じると、言い方は悪いがそれを〈ダシ〉にして、メディアコンテンツやファンとは関係のない第三者が、論争に火に油を注ぐという事態も生じやすい[26]。ことソーシャルメディア上では、そうした第三者が発する強い言葉はインパクトを持ちやすいのもあり、対立する層からは攻撃的な言葉として受け取られ、一層の敵意を持たれたり、メディアに取り上げられたりしがちなところがある。

従来の匿名掲示板よりもいくらか各ユーザーのアイデンティティは付与されているとはいえ、論争に参加する無数の投稿の中からそうした本来のファン同士の意見や主張とは異なるノイズを選別することは非常に困難なことであることは間違いないだろう。しかしそうした扇動的なノイズを純粋なファンの主張のひとつとして捉えてしまうことも、新たな誤解や事実との相違を生み出す可能性を孕んでいる。そのため、例えば研究者自身が特定のコミュニティに積極的に参加することが推奨されてきたファンスタディーズ等において採用されてきた〝アカファン〟(Jenkins 2006)[27]や〝スカラーファンズ"（Burr 2005）[28] としての立場をとることで、特定のメディアコンテンツのファン内に存在する慣習や不文律を理解し、無数の投稿からできる限りノイズをフィルタリングしていくことが重要となってくるだろう（Williams 2020）[29]。同時に、そうしたノイズを単に切り捨てるのではなく、その発言が本来のファン同士の対立や主張にどのように受け取られ、影響を与えたのかという点も看過すべきではない。

これら三つのポイントは、今後のファンスタディーズやメディアスタディーズにおいて重要視されるべきものとして挙げられると同時に、今回、日本と韓国のファンそれぞれの実践を観察し、調査を行った中で見えてきた自身の研究における課題でもある。今後の研究においては、本来ならば日本のファンはこう、韓国のファンはこうと単純には比較できないような事象に対し、複雑に絡まりあった糸をひとつひとつ解きほぐすように、個々の意見や文化的背景の違い、その多様性を配慮した上で分析していくことを、より一層意識していきたい。

［註］

（1） Crunchyroll, "Past Winners - The Anime Awards - Crunchyroll", *Crunchyroll - Watch Popular Anime & Read Manga Online*, n.d., Crunchyroll. https://www.crunchyroll.com/en/animeawards/pastwinners/index.html

（2）　Netflix, "Netflix Top 10 - By Country: Japan" *Netflix*, n.d., Netflix. https://top10.netflix.com/japan/tv?week=2021-09-26

（3）　加えて、通常であれば各国の音響制作会社に一任する英語版のキャスティングを、本作を制作したアニメスタジオ・トリガーが監修したこともあり、日本のファンからの英語吹替え版への要望の声が高まっていたことが考えられる（映画『プロメア』公開三周年！／五・二七（金）より十一劇場にて復活上映!!　@promare_movie 2019）。映画『プロメア』公開三周年！／五・二七（金）より十一劇場にて復活上映!!（@promare_movie）「英語吹き替え版／英語字幕版『#プロメア』上映決定!!九月の全米公開時からご要望のあった英語吹き替え版／英語字幕版がクリスマスシーズンの一二・二〇より順次劇場公開決定しました！　監修は勿論TRIGGERさんです　日本語版と比べてみて下さい！　詳しくは https://promare-movie.com/news/news-785/#PROMARE」Twitter、二〇一九年。https://twitter.com/promare_movie/status/1206862795951636480?s=20&t=TG0RlAaYfV0_mudViOO-iw

（4）　Jin, Dalyong., & Kyong, Yoon, "The Social Mediascape of Transnational Korean Pop Culture: Hallyu 2.0 as Spreadable Media Practice," *New Media & Society*, 18(7), 2014, SAGE Publishing.

（5）　Jin, Dalyong., "An Analysis of the Korean Wave as Transnational Popular Culture: North American Youth Engage Through Social Media as TV Becomes Obsolete," *International Journal of Communication*, 12, 2018, USC Annenberg Press.

（6）　ラスタティ・ラニー「インドネシアにおけるコスプレ・ツーリズム」、山村高淑&P・シートン編『コンテンツツーリズム――メディアを横断するコンテンツと越境するファンダム』北海道大学出版会、二〇二一年。

（7）　Molone, Paul M., "Transplanted Boys' Love Conventions and Anti-'Shota' Polemics in a German Manga: Fahr Sindram's 'Losing Neverland'," *Transformative Works and Cultures*, 12, 2013, Transformative Works and Cultures. https://doi.org/10.3983/twc.2013.0434

（8）　外務省「日韓首脳の未来に向けた共同メッセージ 2002年サッカー・ワールドカップ共同開催成功を超えて」外務省ホームページ（日本語）、二〇〇二年。https://www.mofa.go.jp/mofaj/area/korea/world_cup.html

（9）　霜越透・青木新「戦後最悪の日韓関係　韓国新大統領就任で改善なるか　ＮＨＫ政治マガジン」ＮＨＫ（日本放送協会）、二〇二二年。https://www.nhk.or.jp/politics/articles/feature/82339.html

（10）　ウォリックあずみ、「韓国で日本ボイコットに反旗？　日本文化めぐり分断国家の世論割れる」ニューズウィ

ーク日本版 オフィシャルサイト、二〇一九年。https://www.newsweekjapan.jp/stories/world/2019/08/post-12745.php

（11） 聯合ニュース、「映画「鬼滅の刃」 韓国で吹き替え版も公開へ」聯合ニュース、二〇二二年。https://jp.yna.co.kr/view/AJP20220322003900882?section=search

（12） Koarai, Ryo., "Cinema audience immersion in story worlds through "ouen-jouei"", *Transformative Works and Cultures*, 36, 2021, https://journal.transformativeworks.org/index.php/twc/article/view/1903/2881.

（13） 加藤幹郎『映画館と観客の文化史』中央公論新社、二〇〇六年。

（14） 小新井涼「日本と韓国――アニメ「KING OF PRISM」の応援上映にみる日韓の違い」Yahoo! ニュース、二〇一九年。https://news.yahoo.co.jp/byline/koarairyo/20190718-00134278

（15） 正確には、基本的に応援の方法やタイミングは観客に一任されているが、上映に際して製作側から観客に対して「プリズムスタァ応援上映★４つの約束」（「KING OF PRISM――Shiny Seven Stars」公式サイト 二〇一九）が設けられている。概要は以下の通り。1、あたたかい心で愛のある応援を、2、むやみに叫ぶのはＮＧ、3、グッズは周りに迷惑をかけないよう気を付ける、4、大きく動いたり暴れたりはしない。また、日本では応援上映の本編上映前にこの約束を説明するためのショートムービーが流れるが、韓国での参与観察においてはそうしたマナームービーの上映は確認されなかった。「KING OF PRISM――Shiny Seven Stars」公式サイト「コスプレＯＫ！ 声援ＯＫ！ アフレコＯＫ！「愛をいっぱい届けよう！ プリズムスタァ応援上映」全劇場で開催決定！」「KING OF PRISM――Shiny Seven Stars」公式サイト、二〇一九年。https://kinpri.com/news/detail.php?id=1069801&artist_cd=KOP3S

（16） 上映を重ねるうちに一定のフォーマットは出来上がっていくものの、各上映の応援はそこに集まる観客による即興形式で行われるため、一度として全く同じ内容の応援が行われることはないというライブ的な側面も持つ。

（17） 筆者の行った参与観察では、東京と大阪の中間に位置する名古屋と富山の応援において、東京式と大阪式が混ざった中間的な応援が行われていた。

（18） 地域毎に異なる応援の特色については、実際に舞台挨拶等で全国の映画館を巡った本作監督へのインタビューにおいても言及されている（太田出版 二〇一六）。太田出版『KING OF PRISM by PrettyRhythm 応援ＢＯＯＫ』太田出版、二〇一六年。

実際に、日本のファンが韓国の応援上映に参加した体験を共有する際に使うファン発祥のハッシュタグ〈#プリズム渡韓〉が付された投稿を見ると、韓国語による応援の方法や、韓国での応援上映の特徴が説明されているものも多く含まれる。

(19) そのため看板に近寄ってみると、黄色いペンライトのひとつひとつに、有志として参加したファンの名前が掲載されている。

(20) 衣輪晋一「韓国版『鬼滅の刃』デザイン変更は適切だったのか？ 〝現地化〟の課題」アニメ&ゲームＴＯＰ – ORICON NEWS、二〇二一年。https://www.oricon.co.jp/special/56159/

(21) リアルライブ「また〝大正ロマン〟モチーフ衣装に韓国ファンが激怒？ 今度のターゲットは『文豪ストレイドッグス』」リアルライブ、二〇一八年。https://npn.co.jp/article/detail/12436501

(22) J-CASTニュース「人気ゲーム「プロセカ」、レトロ衣装が騒動に 韓国で「大正ロマン」想起と批判→現地運営が謝罪」J-CASTニュース、二〇二二年。https://www.j-cast.com/2022/05/27438227.html?p=all

(23) 株式会社春光社「アイドル応援広告について 株式会社春光社 交通広告代理店」株式会社春光社、日付不明。https://shunkosha.co.jp/howto/hw001

(24) そもそもコスプレ文化はそうして、今ほどインターネットやデジタルデバイスが普及していない時代にアメリカのＳＦ文化から伝わりローカライズした文化と言えるだろうし（吉本 二〇〇九）、配信サービス誕生以前から、『ポケットモンスター』や『遊☆戯☆王』といった日本のメディアコンテンツがトランスナショナルに消費され、海外で人気を博してきた。吉本たいまつ『おたくの起源』ＮＴＴ出版、二〇〇九年。

(25) Suida, Piotr. (2014). "Fan Cultures: On the Impossible Formation of Global and Transnational Fandoms," *Is It 'Cause It's Cool?: Affective Encounters with American Culture*, 2014, LIT Verlag.

(26) 例えば、日本のファンと韓国のファンの主張が対立した時に、対立の背景を知らない第三者が『これだから〇〇人は』と特定のグループを貶める発言をしたり、対立の背景を理解した上で、両者の対立を激化させる、もしくはメディアコンテンツへの関心はないが自身の政治的主張や思想を正当化させるために論争に便乗したりする層等。

(27) Jenkins, Henry., "How to Break Out of the Academic Ghetto…", *HENRY JENKINS*, 2006. http://henryjenkins.org/

archives-html

(28) Burr, Vivien, “Scholar/’shippers and Spikeaholics: academic and fan identities at the Slayage Conference on Buffy the Vampire Slayer”, *European Journal of Cultural Studies*, 8 (3):, 2005.

(29) Williams, Rebecca., *Theme Park Fandom: Spatial Transmedia, Materiality and Participatory Cultures*, Amsterdam University Press, 2020.

［全体討論］

コンテンツツーリズムにおける文化の継承

［司会］
谷村要
［登壇者］
山村高淑
島田邦弘
岡本順子
安藤彰紀
森元伸枝
海老良平
小新井涼

司会　それでは全体討論・質疑応答を始めたいと思います。非常に興味深い報告ばかりで、多種多様な事例を紹介していただきましたが、まずはこれらの共通点を探っていきたいと思います。

地域外の第三者が、地域の関係人口になっていく取り組みの一つとして、コンテンツツーリズムを捉えることができるかと思います。コンテンツツーリズム研究ではすでにさまざまな形で報告されていますが、やはり、コンテンツをきっかけにして本来ならその地域と縁のなかったであろう人々が地域と出会い、そのプロセスの中でさまざまな化学反応が起こることで、さまざまな興味深い出来事が生じることが特徴といえます。近年、コンテンツとの関わり方自体が多様化しており、さらには小新井先生の発表にもありましたように、リモート技術の導入によってよりさまざまな方向にも分岐していきます。こういったコンテンツとの関わりが生み出すものが、おそらく、文化の継承にもつながっていくのかなと思います。

さて、まず、海老先生にお聞きしたいんですけれども、さまざまな地域資源に触れることでコンテンツ作りに参画していった学生たち、今回の例ではポップ・カルチャーではなくもう少し「真面目」なコンテンツを取り上げたわけですが、彼ら自身が変わっていく姿を目の当たりにされたと思います。実際、どのような変化が見られたのでしょうか。

海老　わたしもまだ着任して二年なので、事例として挙げるには少ないのですが、例えば先ほどの発表でも言及した夙川の街歩きマップを作ったゼミ生は、当時は三年生で、この春に卒業を迎えます。そのうちの一人は県外の大阪から通っていますが、西宮市内の珈琲店のオーナーの一人にインタビューをして、卒業論文を書きあげました。これは数少ない例ですが、このように卒業論文を通して、自らが関与する地域に関心を持ち、地域の住民と関わっていく視点が学生のなかに生まれました。

大学というところはそれ自体が、外からさまざまな学生がやって来ては地域の人々やモノと出会わせるコンテンツのような側面があると思います。大手前大学の学生は多くが近隣の阪神間から通っています。我々の世代のように、関西から東京に出て行って、そこで一生暮らしていこうというよりは地元志向が強いのですが、そうはいっても地元のことをあまりよく知らない。大学という場を通して阪神間を知り、自分たちの町をより深く知っていくという視点に、わずか二年の間ですが、彼らも気づかされたと思います。

――ありがとうございます。アニメや映画などのコンテンツを楽しみ、それをきっかけにして地域を訪れるようになる、その地域の中でさまざまな関わり方が生まれていくのは、本当に面白い現象ですね。

私自身、たいへん関心があるのが、例えば「『らき☆すた』神輿」のように、「そこまでやるか」というところまでをやってしまう、アニメファンの気質といえる部分です。これは山村先生をはじめ、アニメファンを長く見てきた岡本さん、そして島田さんはよくご存じのことと思います。ちょうど山村先生が「感情」という表現で触れておられた点です。この感情が、実に気になります。そこで岡本さんにお聞きします。以前、岡本さんから『涼宮ハルヒ』のファンと会うようになった経緯を伺ったように覚えていますが、確かあれは二〇〇九年の頃でしたでしょうか。

岡本　「西宮流（にしのみやスタイル）」が出来て取材で街を歩くようになっていた頃でしょうか、夙川にあるお店の方から『涼宮ハルヒ』という名前を聞いて、初めて知りました。「『涼宮ハルヒ』って、何それ？」という感じだったのですが、ネットで調べたり、録画していた友人にアニメを見せてもらったりしました。その一年前の二〇〇六年にアニメが放送されていて、すでにファンの間では聖地巡礼がはじまっていたんですね。実際にファンの方と関わるようになったのは、二〇一二年のイベントがきっかけです。それまでにもTwitter上で、「聖地巡礼やるから来ない？」というやりとりが行われているのは知っていました。どんなふうに聖地巡礼をするんだろうと、興味本位でそのイベントに密かについて行ったのです。男性が六人くらい、ハンドルネームで呼びあって情報を交換しながら、次々とまわって行くのですが、その様子がとても礼儀正しく、「自分たちは町を歩かせていただいている、もし迷惑をかけたら、歩けなくなってしまう」という配慮が垣間見えて、ファンってすごいんだなって思いました。そのイベント以降は「西宮流」のTwitterアカウントにかわいいアイコンのファンがいっぱいやってきて……といった具合で交流がはじまりました。

――なるほど。このファンの情熱という点を議論の前提として共有したいと思うのですが、この点に関して、島田さんに、これまで感銘を受けた事例がありましたら、ぜひお聞きできればと思います。いかがでしょうか。

島田　印象に残るシーンはいっぱいありますが、発表では秩父の話をしたので、それでは『らき☆すた』の鷲宮の話を。『らき☆すた』の鷲宮でのイベントで私は何度か司会を務めることになったのですが、ある時、声優さんが登場するステージがありました。とても人気のある声優さんたちだったので、当然ファンのみなさんがステージ前にずらりといらっしゃるんですね。いよいよ声優さんの登場というときに、ボランティアスタッフの方たちが最前列にやって来て、ステージに背を向けるようにして、ちょうど声優さんたちをガードするような役割を自発的にやってくれたんです。それで、終わった後に聞いてみました。「あなたたちも、今舞台に上がった声優さんの大ファンですよね。でも、背を向けていたから全然見られなかったんじゃないんですか。背中越しのすぐそばにいるのに、もしかしたら握手とかできたかもしれないのに、いいんですか？」と。そうしたら、「僕たちはこの鷲宮も大好きだし、鷲宮を訪れたファンの皆さん、声優の皆さんも含めて、事故がないように楽しんでほしい。自分がそのための役割を担えるんだったら、見なくてもいいです。その場にいること自体が嬉しいんです」。それを聞いて、なんかもう泣きそうでした。もう言いながら涙声になってますけど……すごく印象に残ってます。

――私も、二〇〇八年ごろから鷲宮を訪れるようになり、そのおかげで登壇いただいた山村先生や現在「聖地巡礼」に関する研究で活躍されている先生方とも出会うことができました。当時、私は動画共有サイトについて研究をしていて、いわゆる「ハルヒダンス」(『涼宮ハルヒの憂鬱』のテレビアニメ第一期シリーズのエンディングテーマである「ハレ晴レユカイ」を踊っている人たちのオフ会に参加してフィールドワークをする、ということをやっていました。

鷲宮に行ってまず度肝を抜かれたのは、ファンが描いた『らき☆すた』のイラストが個人の店舗の店先にどーんと置いてあることでした。今でこそ「ファンアート」なんて言ったりしますけれども、今に比べると、やはりオタク趣味が前面に押し出されている景観は、オタクの一大消費地である秋葉原の街をのぞけば、当時は珍しかったと思います。今はもう、かわいい女の子のキャラクター、かっこいい男の子のキャラクターが描かれたポスターを街中で見かけることは、決して珍しくありません。もちろん、性的な側面が強調されたキャラクターの場合、「炎上」騒ぎが起こることもありますが……。

「聖地巡礼」に私が関心を持ったのは、このようにファンの人たちが多様な仕方で地域と関わることができるということです。先ほどの島田さんの報告でもありましたように、そういう趣味を認める、包摂するにしたがって、ファンがだんだんと地域へのコミットメントを強めていく過程が見られたと思います。

この点について、まさにコンテンツツーリズムで岩手県大槌町の地域活性化事業に関わっておられる安藤さんにお尋ねします。実際に訪れるファンの方々は、どんなことをしている様子がうかがえるでしょうか。

安藤　やはりTwitterを中心に、現地の写真を撮ってネット上に投稿される方が多いですね。それ以外の鷲宮で見られたような地域とファンの関わりは、今後本格化していくのかなと思っています。町以外の民間産業サービスとして、モバイルファクトリー開発のゲーム「ステーションメモリーズ！」（通称「駅メモ！」）を利用する方もいます。全国各地の駅と連動した位置情報ゲームですが、『岬のマヨイガ』とのコラボキャンペーンも始まり、作中のキャラクターがゲーム内で使えるようになったので、キャラクターと一緒に現地を回ったり、写真を撮ったりされる方も最近ではいらっしゃいます。（なお、コラボキャンペーンは二〇二二年三月三十一日をもって終了。）

——ありがとうございます。先ほども申し上げた通り、私が最初に鷲宮で受けた衝撃は、その場所にオタク趣味的なものがせり出していることからでした。そういったアニメの影響というのはある程度一過性のもので、コンテンツの展開が終わると薄れていきます。しかし、その作品を受け入れた過程を経て地域にできあがる作品と地域が一体となった空気感は残っているように思います。おそらく、それはその地域に築かれてきたファンと地域のつながりと関係しているのだろう、と思います。私は今も、ときどき鷲宮に行きます。さすがにコロナ禍では、かつてのように平日でも多くのファンが町を歩いているということはありませんが、鷲宮神社の絵馬や町内の商店のいろんなところに表出しているファンが寄贈したイラストやフィギュアを見かけると、「ああ、今も続いてるなぁ」って感じます。このコンテンツと地域の関係が続いている要因は、『らき☆すた』というコンテンツの魅力もさりながら、それ以上に、『らき☆すた』をきっかけとして紡がれてきたファンと地域の「物語」が大きいのだろうと考えています。

山村先生と本シンポジウムに関してメールでやりとりを重ねるうちに、物語……「ナラティブ」の重要性について考えさせられました。ヘリテージツーリズムにおいてはもちろんそれが関係してきますが、コンテンツツーリズムの物語性や、「ファンがそこまでやるか」という感情を爆発させるだけの情熱を生み出している要因として、どういったものが考えられると思いますか。

山村　難しい問題ですね。今の「語り」(ナラティブ)という部分で言いますと、例えばアニメにしろラノベにしろ、このキャラクター面白いなとか、素敵だなとか思って、まずは作品世界に入っていくと思います。そのうち作品の舞台地に行ったり、地域住民の方々と交流したり、あるいはファン同士で交流したりするなかで、当初の作品の周りに、自分たちの思いだとか、あるいはそこで会った住民の方とその作品について話した思い出だとか、そういうものがだんだんと付け加わっていきます。つまり、最初は単に消費するだけだった対象が、いつのまにか自分たちのものになっていく感覚があるように思われます。私も埼玉を訪れて、よくファンの皆さんと交流しています。かくいう私も最初は一ファンとして参加していました。やっぱり皆さん、「居場所ができた」と口を揃えておっしゃいます。今はもうそんなことはないと思うんですが、アニメファンって以前はすごく冷たい目で見られたり、私も言われたことあるのでよく分かるんですけど、「キモい」って言われたりしていました。そんな私でも地域住民の皆さんが受け入れてくれたということが、すごく嬉しかったというか……仲良く喋ってくれる、しかもその共通の話題が好きな作品だというのが、うまい言葉が見つかりませんが、ファンの方の言葉を借りれば「第二の故郷ができた」みたいな気持ちが湧いてくるんですね。「作品愛」をコアとしながらも「地域愛」みたいなものに変わっていく。単なるコンテンツの消費者ではなく、作品に関わることができるというか、作品の側に立って何か一緒にできるという感覚、ファンなのか、地域住民なのか、製作者なのかという壁を越えて、一緒に作品に何らかの形で関わり続けられる楽しさ・やりがいというのがあるんですよね。先ほど島田さんがおっしゃった、ボランティアの方が後ろを向いて警備を務めることなどはその典型例だと思います。警備員のなかにはよく知っている方もいて、よく話をしますが、そうした感覚ややりがいをひしひしと感じます。

——私も全くの同意見です。コンテンツをコントロールしようとするのではなく、いろんな形で関わり、共感の場を維持するということ。これは小新井先生が報告された点と重なるかと思われます。この現象に関与している一研究者として、このことを非常に大事にしていきたいという気持ちがあります。

私自身、二〇一六年以降は静岡県沼津市を調査の対象としてきました。沼津は二〇一六年、『ラブライブ！ サンシャイン!!』という、非常に人気のあるコンテンツの舞台になったことをきっかけに、多くの方が訪れるようになりました。『ラブライブ！』作品はすでに大人気シリーズだったので、私は、この沼津にはこれから観光客がたくさんやって来るだろうと思い、作品がテレビ放送される前から地域を観察してきました。コンテンツが「聖地」をつくりだす過程を見てみたかったのが動機です。先ほど触れられてきたように、『らき☆すた』であるとか、あるいは『涼宮ハルヒ』であるとか、二〇〇〇年代後半の「聖地巡礼」の事例ではいろんなファンが地域に関与してゆく現象が見られました。では、それから十年が経過した現在では一体何が起こるんだろう。それが問題意識としてありました。実際、そこで起きていたファンと地域の関わりとしては、次のような事例をうかがうことができました。

たとえば、その一つは、島田さんの報告にあったことと類似しています。ファンのボランティア活動です。具体的には、この沼津の事例では地域の海岸の清掃活動をファンが地域住民と一緒になって取り組んでいました。あるいはファンの人が企画したイベントで、ファンたちが自らの所有する「痛車」を展示する痛車展示会を、地域の祭り、例えば沼津の内浦で行われているイベントの場で、花火大会等のイベントに併設して行うということもなされていました。さらにはファンと地域住民を巻き込んだ勉強会をやって、ファンの傾向であるとか地域の状況に関する情報共有をしていくとか、ファンの領分をこえた、多様な関わり方が見られました。そして、その地域と連携した活動に関わる当事者の人たちに話を聞いていくと、皆さんおっしゃるのが、いかに地域に受け入れてもらうかというところを重視されていて、例えば、清掃活動を主催した方は県外の方でしたし、勉強会を主催されている方も関東から沼津に訪れている方でした。そのように多様な地域から沼津にやってきて、うまく地域に受け入れてもらえればと思い、活動してしまうファンたち。そこのところ、そのファンの情熱や行動力は、やはりアニメツーリズム関連の現象の特徴といえる部分です。そして、それは、山村先生も言及していたコンテンツに関与する行為そのものが大きな原動力になっているのかな、と思います。そして、ファンにとって「聖地」である地域は、コンテンツを構成している重要な要素ととらえられていて、だからこそ地域に彼らは積極的に関わろうとするし、そのための下地づくりをしていたのかな、と沼津の事例からはうかがえました。「作品愛」が「地域愛」に結び付くのもそのためなんでしょうね。

さて、森元先生が事例として挙げたスイーツの話でも、その地域のスイーツ店の店主一同が、かなりの情熱を持って、その業界の慣習を変えていったことが言及されていましたが、彼らをそこまでつき動かしたものについて、もう少しお聞きしてもよろしいでしょうか。

森元　店主たちを突き動かしたものは、やはり地元のお客さんの地元愛だと思います。阪神間のスイーツの地元のお客さんは、自分たちの価値観に合っているものにのみ興味を示します。そのため、無駄なお金を使わず、価値のあるもの、自分たちに満足感が得られるモノやサービスにのみ惜しまずお金を使う傾向があります。そうした価値観は自分たちの仲間とも共有しています。そうした地域で商売している神戸スイーツ業界の店主たちからすれば、そうしたお客さんの価値観から外れてしまうと「商売あがったり」となるのです。

例えば、本日の話に出てきた西宮市の隣は芦屋市、その隣は神戸市になるのですが、その神戸市の東の端に東灘区というのがあります。この東灘区では、二〇一一年から毎年十月中頃から十一月中頃にかけて「ひがしなだスイーツめぐり」というイベントを開催しています。この間はスイーツバスという専用バスが街を走り、そのバスに乗って街のあちらこちらにあるスイーツ店をめぐって、お菓子を楽しめるようになっています。

東灘区は明治の中頃より財界人たちがその地に私邸を築き、住吉村という日本一の富豪村を形成したといわれています。そういう中で、嗜好品贅沢品である和菓子・洋菓子文化が形成し、根付きました。今日においても、地元の、特にマダムたちの価値観に合ったおいしい、個性的な店が数多く集まっています。自分たちのお目にかかったスイーツ店のすばらしさを紹介したい、自分たちが住んでいる地域の価値観をアピールしたい、という気持ちから、東灘のスイーツ好きのマダムたちが、神戸市に話を持ち掛け、行政も外部から人を呼びこむことができる機会となると、バス運行のために国土交通省から許可を取ったと聞いています。

そうなると、地元の菓子職人たちは、普段からおいしい商品をつくってはいるのですが、せっかくのイベントだということでそれに合うように特別な商品も提供することになると思います。その際、原材料はもちろん、パッケージにこだわったり、飾りつけにこだわったりしていると聞いています。

――ご報告にもあったように、西宮のスイーツ文化の地域的な事情が、スイーツにさまざまなコンテクストや物語性を上乗せして差異を生み出す必要性を生み出し、常に高品質なものを作っていこうとする原動力になっていると考えられないでしょうか。そして、その動力の根幹は、西宮という地域が元々、教養や審美眼をもった能動的な市民が住むような場所だったというところも大きいのでしょうか。

森元　そうですね。

――いわば「良いもの」を知っているというか。これは、さまざまな地域でどういう風にいろんな人たちを動員していくか、ということを考えるときに結構重要なポイントで、本シンポジウムのテーマである「継承」とも関係してくると思います。

森元　「継承」という点においては、「良いものを知っている人」、私の事例であれば「地元のスイーツのお客さん」が重要な役割を果たしていると思います。同時に、そのお客さんに応えることができる職人の存在も重要になっていると思います。阪神間のスイーツ産業が長期にわたり継承されているのは、時代に即したものではあるものの、流行に走らず、基本は地域の住民が求める高品質なものを追求する、という地域に根付いた価値観を受け継ぎ、伝えていくという仕掛けがつくられてきたからではないでしょうか。

――ありがとうございます。さて、会場から先生方全員への質問があるようなので、ここで紹介したいと思います。「本日参加している方々は、少なくともコンテンツツーリズムに興味がある、知っている人が多いと思われます。お話を聞いていると、今後もこのような活動を残していくためには、知らない層、幅広い人との関わりや協力、発信が必要になるのではないかと感じました。このような、コンテンツツーリズムに関する体系的な知識のない人々の関心を惹きつけ、協力してもらい、参加してもらうためには、何が重要になり、どういう土台作りが今後必要になると思われますか」。なかなか難しい問いではありますけれども、どなたからでも結構ですので、ご回答いただければと思いますがいかがでしょうか。

山村　今後、関心のない方、コンテンツツーリズムにあまり接点のなかった方に、どういう風に広げていけるのかというご質問ですよね。ご質問、まったくその通りだと思いますし、他のツーリズム分野でも同様の悩みを抱えていると思います。エコツーリズムであれば生態系や動植物に興味を持っていない人にどうやってアプローチすることができるのか。これはものすごく頭の痛い問題です。コンテンツツーリズムにしても、やはり食わず嫌いというか、一度接してもらえればすごく面白いということが分かってもらえるだろうに、そのきっかけがない。例えばアニメや映画がきっかけで旅に出るのは、あまりイメージが良くないという方もいらっしゃると思います。そうしたなかでどのようにしていくのか、すごく難しい問題だとは思うんですけれども、一つはやはり作品やコンテンツの面白さが、その地域とどういう風に結びついているのかを、丁寧に説明していく、いろんなところで他の観光とつながっていることを説明することだと思います。

この意味で言うと、今日海老先生が発表された日本遺産のお話、私もまったくその通りだと思います。いろいろな地域の文化や資源をストーリーとしてパッケージすることでよりわかりやすくする。そうすることで、人々がそういった文化遺産を個別の文化遺産ではなく全体として、ストーリーとして理解できるようにしていくということですね。

そうしたいわゆるストーリーでパッケージ化することをコンテンツ化と捉えていいと思います。そういう流れのなかで、地域の空間や文化を楽しめるということを多くの人に広めて、どんどん間口を広げていければいいんじゃないかなと。いろんな接点から入れるようにするのがいいですね。

もう一つは、とくに「食わず嫌い」の方に対してなんですけれど、ファン用語で言うところの「布教活動」ですね。これはどの分野でもそうだと思いますが、特にアニメの分野でよく聞きますよね。私も、応援上映を研究しているある方から、無理やり映画館に何度も連れていかれて、「応援上映ってこんな面白いんだ」って思うようになりました。当初はあまり関心がなかったんですけれども、いざ行ってみると、自分はただ食わず嫌いだったんだと気づかされました。

なので、そういうきっかけを与えてくれる方とか、地域の方とか、そういう役割の人がいれば、周りもどんどん新しい世界を知ることができる、と感じました。あまり適切な答えになっているか分かりませんが……。

――ありがとうございます。では、私のほうからも自分の経験から少しばかりお答えしたいと思います。個人的にコンテンツツーリズムで面白いのは、アニメのファンが地域のファンになるのはもちろんのこと、逆に地域の方が作品のファンになるということも、非常に多く見られることです。例えば、沼津にはファンのたまり場として大変有名な「つじ写真館」というお店があります。この写真館の「おかみさん」は、『ラブライブ！』アニメの第一期が放送されていた二〇一六年の七月から九月の間、この作品のことを知らなかったそうです。ただ沼津では、まず子どもたちの世代、その女将さんのお孫さんにあたる世代が作品のファンになり、次第に大人の世代にも広まっていったと聞いています。『鬼滅の刃』でも同じようなことが起こったと言われてますが、コンテンツの広がり方について、今はいつでもどこからでも配信サイトによって視聴できるようになったので、これまでは見られなかった、作品情報の伝播が起こりうるということかもしれません。

このように、一つは横の広がり、地域を超えた情報の伝播がある一方で、さらには世代間の縦の広がりによっても、コンテンツへの興味関心を持ちうることがあり、さらにそれが地域文化と結びついていくことが、沼津での調査から見えてきています。

沼津は非常に古い街で、日本で最も古いアーケード商店街もあり、そのことに地域の方々が自覚的です。その景観が作中に描かれていることで、住民が作品自体を好きになることもあります。そして、その住民の「作品愛」が作品に影響を与えることもあります。例えば、「松浦酒店」という有名なファンのたまり場がJR沼津駅近くにあるのですが、そのお店は元々作品に登場していない場所でした。しかし、『ラブライブ！ サンシャイン!!』には松浦果南というキャラクターがいて、そのキャラクターと名前が被っているという点と、お店がアニメファン向けの取り組みを自主的にしていることで、そのお店を訪れるファンが増えていきました（別図９－１）。やがて、『ラブライブ！ サンシャイン!!』の監督・スタッフも訪れるようになり、ついに劇場版では松浦果南が踊るシーンの背景として、松浦酒店が使われることになりました。それまで聖地でもなんでもなかったところが、作中へ逆輸入されたわけで、やはり個人的には、時間の経過につれていろんな形で進んでいく現実と作品の間で起こる相互作用が面白いなと思います。それを支えているのは一体何かというのが、私の常に考えていることでもあります。

すいません、当初の質問の意図からも外れる形で、だいぶしゃべりすぎてしまいました。ほかの登壇者の皆様、いかがでしょうか。

島田　ご質問にストレートにお答えできるものかわかりませんが、二つの話をしてみたいと思います。一つは、違う層にコンテンツツーリズムをアピールするということについて。私がこの観点ではじめて携わったときの話ですが、埼玉県では「彩の国だより」という広報誌を出していて、新聞を取っているお宅に一部ずつ配りますから、当時の発行部数が二百三十万くらいあったと思います。そこで、『あの日見た花の名前を僕達はまだ知らない。』(通称『あの花』)の放映開始(二〇一一年四月ごろ)に合わせて、カラーページでアニメ特集を組めば絶対に読んでもらえるからと広報の担当者を説得しました。行政の広報は若い方にはあまり読まれず、むしろ中高年の方がよく読むのですが、そこにあえてアニメの特集をぶつける。『あの花』は秩父が舞台です、『らき☆すた』は鷲宮が舞台です、作品のなかで実際の風景がたくさん描かれています、是非行ってみませんか、ということですね。掲載は無料で二百三十万人にPRできるんだから、版権はタダで使わせてください、と製作側に交渉したことを覚えています。

あともう一つは秩父の話です。今でこそ地元の自治体なども熱心に『あの花』のイベントを開いていますが、秩父は元々三十四カ所の札所巡礼をはじめ、どちらかといえば中高年をメインターゲットとした観光地として県内でも有名でした。逆に言えば、若い人をなかなか呼び込めないことが、関係者の大きなジレンマだったんです。ところが『あの花』が放映されて以降、若い人がどんどん秩父を訪れるようになってきた。その様子を見て、ある商店街の顔役の方が私にこう言いました。「島田さんさ、もう何年も人を呼ぼうと思っていろんな仕掛けをやってきたけど、若い人を呼ぶ手立てがなかなか見つからなくて……でもその答えは、なんとアニメだったんだね、目が覚めたよ」って。その方はその後何をしたかというと、街の中心にある「ほっとすぽっと秩父館」という建物の一角に『あの花』コーナーを作ったんです。この建物は古い商家を改造したもので、売店や休憩所があって人の集まれるような、すごくいい建物なんです。その一角に『あの花』コーナーを作って、声優さんのサインだったり、最初の頃はファンの寄贈品だったりを置いていました。今では、当然『あの花』ファンも訪ねて来ますが、古い商家そのものを見に年齢が上の方もよく訪れます。すると、「この『あの花』ってなんだろう?」って、展示物にも興味を持ってもらえるなど、コンテンツツーリズムの間口を広げるきっかけになっているように私には思われます。

——ありがとうございます。若者になかなか来てもらえないという元からあった地域課題が、アニメを使うことによって克服でき、さらには作品を紹介する地域の施設を通じて、アニメを知らない方にも作品を知ってもらうことに通じる、ということですね。その際、地域資源として情報誌を活用したという事例をお話しいただきました。

それでは、小新井先生に質問が届いていますので、紹介します。「応援上映では、一糸乱れぬ声援や○○流という地域ごとのやり方が見受けられます。私は少々窮屈だったり、一種の気持ち悪さを感じるときもあります。歌舞伎の掛け声のように、初心者が簡単に参加しにくい文化になってはいないでしょうか。この『統制を好む』感覚は、日本人性というものに関係するのでしょうか」。

小新井　もちろん、全員が全員応援上映を好きというわけではなく、ファンの中にも応援上映はあんまり……という方がいらっしゃいます。ですので例えば、発表で紹介したZoom上映の場合、掛け声オッケールームとチャットオンリールームを設けていました。和を乱す人を弾くとか、「ぜったいにこうしましょう！」というようにやり方を強制するとか、そういった意識は緩和されつつあると思います。ただ、ご指摘の通り、だんだんと形式化している側面もなくはないです。

最近では、キャラクターに愛のない声援はやめましょう、というルールが浸透しています。ヤジが飛ばないようにしているわけです。やや統制的にも見えるかもしれませんが、場を乱すような応援をする人がいたときは、上映後にSNS上でファン同士が話し合って、これはちょっと他のキャラクターのファンには嫌な言葉だよねとか、もうちょっと考えた方がいいよね、というふうに認識を共有しているようです。

ここで興味深いのが、韓国でもこうしたファン同士の話し合いが同じように行われているということとです。韓国でも、不適切と思われる応援についてTwitterなどでファンが話し合うということを聞いたことがあります。日本人性というよりは、アニメファンの一つの特性と言うべきでしょうか。ルールを守ろうという点では、少し型にはまってしまっているところはあるのかもしれません。

――熱狂的な部分の裏返しとして、オタクは他者排除につながる「たこ壺」的なコミュニケーションに行きやすいという傾向はあるかと思います。ただ、いまのお話はどちらかというと、TPOをわきまえた振る舞い方を参加者がしているように思われました。

小新井　そうですね、他の人が傷つくようなことを言うのはやめましょう、という空気がファンの間ではあると思います。ただご質問にもあったように、「初心者が簡単に参加しにくい文化」にだんだんなってきている面はあります。それでもファン自身は作品を布教したいので、先ほど山村先生がおっしゃった通り、まわりに熱狂的なファンがいる場合はその方が初めて参加する人を連れていくこともありますし、参加者が楽しそうに応援している姿を見て、合いの手はこういうところで入れるんだ、次は自分も覚えて参加したいな、と思って、初見の方が次々と参加する様子も、シリーズを重ねるごとに見受けられました。

「TPOをわきまえる」と言えば確かにそうなのですが、最終的には作品の好き嫌いと同じように、ファンの好みの問題になってしまう部分もありますので、先ほどのアニメ文化に対して無関心な方へのアプローチの話とも重なるかもしれないですが、無理やり押し付けることだけはしないように私自身も意識しつつ、興味がありましたら、ぜひ一度応援上映の文化を覗いてみてほしいと私は思っています。

――ありがとうございます。さきほど言及した、たこ壺的なコミュニケーションの補足となりますが、二次創作の文化では、かつてより隠語を使うことで「検索よけ」をするなど、「わかった人」のみでその文化を楽しみたいという傾向があると思います。特に女性のファンたちではそのファン内の論理、独特の作品の楽しみ方を「身内」をこえて広げてゆくことを非常に嫌うところがあります。たとえば、二〇二二年二月に女性向け二次創作イラストやマンガを投稿していた方のTwitterの行為が問題だと作品の女性ファンの間で問題になりましたが、その問題視された行為の一つには、作品の二次創作を投稿するための公式ハッシュタグに問題のある絵、オリジナルの文脈からあまりに逸脱したマンガを投稿したことが指摘されていました。オタクの人たちは自らの趣味が逸脱的である自覚があって、その逸脱的な文脈を屈託なく拡散しようとする行為を、オタク内で統制しようとする部分がありますね。作品のマーケティングの一環として、ファンの二次創作を作品の権利者側が認める現状でも公式への「配慮」をすべきと、オタクたちが考える点は興味深いところです。

鷲宮や沼津でも見られるように、「聖地巡礼」のファンたちもその「配慮」の一環として、地域のボランティア活動に関わったり礼儀正しくふるまったりしたのだと思います。その背景には、オタク趣味が社会に受け入れられないかもしれない、さらには、変な行動をファンがとることでバッシングの対象になるかもしれない、というおそれ・不安感があるように思います。応援上映については、その外部への文化の広がりは楽しみを共有できる人の間でゆっくり進んでいる印象がありますが、作品ファン内で応援上映について問題はそれほどみられない、という理解でよいでしょうか。

小新井　細かなコンフリクトや解釈の違いは、どの作品にも多かれ少なかれあるでしょうが、「もうこんなんだったら応援上映はやめようよ」といった声は強くないと思います。配給会社も応援上映を続けていますので、応援上映という文化を受け入れないという傾向は形成されていないかと思います。

先ほど、ちょっと出していいのかなと思って飲み込んでしまったのですが、日本人性というよりも、谷村先生が今おっしゃっていただいたように、ジェンダー的な性差ではなくマーケティング的な意味で、それこそ、先ほど言及された事例のような、女性のマーケットでよく起こりがちな「学級会」があるじゃないですか。そういったところにわりと近い統制の取れ方かな、と個人的には思っております。

――たしかに、さまざまな人がその文化に参加する状況をどのようにして作っていくかという問題がありますね。一方で、このコロナ禍によって、参加することそのものが難しくなっています。私自身、ここ数年は県外の少子高齢化・人口減少が進んでいる地域に学生を連れていって一緒に活動していたのですが、その地域は決して近くにあるわけではないので、感染が広まっている都市部から学生を連れていっていいものだろうか、という逡巡がどうしても生まれます。ただ、今回のシンポジウムは、コロナ禍というテーマを取りませんでした。どちらかといえば、コロナ禍という特殊な状況に限定せずに、コンテンツツーリズムを通じて継承していく、「残してつないでいく」ためにはどういうことができるかをテーマとしたかったのです。こうした動機から、さまざまな形で「コンテンツ」に関わっている方々にお話ししていただきました。

学生と一緒になって地域と関わっている大学教員である海老先生、地域の中で行政の立場で関わっている安藤様、あるいはその立場を越えて、十数年活動していく中で築き上げてきたものを見てきた島田様、あるいは岡本様のように、同じように長い間地域で活動してゆく中で築き上げてきたものがあるけれども、それが失われてしまうかもしれない状況の中、どうやって乗り越えるかっていう時に、「西宮流用語集」という形で「継承」につながる実践活動をして、その結果として、新しい出会いが生まれることもある、という……。

とりわけコロナ禍においては、そういった人々の多様な関わりは、結果的に途切れてしまっているように私は思います。沼津においても、この二年間、これまでさまざまな形でファンと一緒にやってきたイベントが途切れてしまいました。それによって、ファンが全然来なくなるわけでは決してないのですが、やはり来なくなる人が出てきます。断絶とは言えないまでも、コロナ禍で生じている「切れ目」によってこぼれ落ちてしまう人たちがいる。これをどうやって乗り越えてゆくのか、私は強く関心を持っております。

今回の島田さんのお話、小新井先生のお話は、この切れ目をリモートという技術を使って越えてゆく事例だったととらえています。非常に重要な指摘として、山村先生が、ヘリテージツーリズムに対してコンテンツツーリズムは「感情」の部分を補完する、そういう機能を果たすとおっしゃっていました。この「感情」の部分を、果たしてリモートの技術によってどこまで補っていけるのか……。人間はある程度制限された中で新しい文化を作っていくものですから、この状況から新しい文化が生み出されてゆく、ということも報告のなかで取り上げられましたが、一方で、ある種のものは消えていってしまうのではないか、と感じることもあります。こうした危機感について、みなさんにお聞きしたいと思います。

島田　危機感というよりも、課題として発表した報告内容と重なりますが、例えばすごいアニメ好きの人とアニメにあまり興味ないんだけどたまたま来た人が同じイベントに参加したことで交流が生まれ、そこからアニメが好きになったり地域のファンになったりする、そんな展開が人と人が会うことで本来は生じるかと思います。ですが、おそらくそうした出会いは、「アニ玉祭」をバーチャルで続ける限りなかなか起こらないでしょう。

一方で、今回バーチャルで開催したことによって、SNSでの反応、特に「ニコ生」の書き込みがものすごく多かったんです。そうした反応を見ると、埼玉は遠いから今まで行きたくても行けなかったとか、埼玉はアニメに力を入れているのがわかったからコロナが収まったら行ってみようとか、逆にファン層の開拓にも繋がったことがわかりました。これは大きな利点でした。

これから先コロナ禍が落ち着きを見せるのか、あるいはまったく別のクライシスがやって来るのか分かりませんが、ともかく、前と完全に同じような対面での交流はなかなか難しいかもしれません。本当に限られた人数で、分散して少しずつ交流が生まれる、ひょっとしたらそれがスタンダードになるのかもしれません。その時々の環境に応じて工夫しつつ、できればちょっとずつでもリアルな交流を生んでいきたいと思っています。そうすることによって新しい文化ができるかもしれませんし、今まで我われが繋げようとしてきたアニメを盛り上げるノウハウが、受け継がれていったら嬉しいです。

――大変重要なご指摘かと思います。山村先生は、途切れてしまうかもしれないものについてお話しされました。リモートで新しい形式が次々と生まれていることは確かだと思いますが、山村先生としては、現状どういった問題意識を持たれているのか、もう少しお聞きしてもよろしいでしょうか。

山村　私からは二点申し上げたいと思います。一点目は、リモートの方にシフトするにつれて、リアルな場やリアルなコミュニケーションが減っていくなかでのデメリットについてです。やはり五感で物を感じられなくなっていくということだと思います。オンラインですと、ほしい情報をピンポイントで得られたり、一対一で上手くコミュニケーションを取れるという利点はあると思います。しかし、なんと言いますか、リアルの場であれば得られる、その周辺にある雰囲気だとか、たまたま途中で目に入る風景だとか、偶然の出会いみたいなものが生まれにくい。こうしたものを得られることこそが本来観光の最大の利点であるはずだと思います。

二点目について、発想の転換が必要なのではないかと考えています。先ほどの島田さんのご発言とも重なりますが、こういう議論をするとどうしてもリアルなコミュニケーションこそ良いものだという大前提に固執してしまいがちです。しかし一方で、リアルな対面のコミュニケーションが苦手な人も多くいるわけです。私も実はリアルなコミュニケーションがとても苦手で、飲み会とかもすごく苦手な人間です。学生もオンラインになることによって、意見が言いやすくなったという人が実際にたくさんいました。そう考えると、良い悪いではなく、リアルとオンラインというコミュニケーションのチャンネルとツールが増えたんだ、より良いオプションの組み合わせができるようになったんだ、と発想を変えることで、普通だったらそのまま消えてしまったような相手と繋がることができる、そんな仕組みを作っていければいいんじゃないかと思えるようになりました。

私は、今は北海道の札幌にいるので、オンラインになることによって、通常だったら遠すぎて会いに行けない人と、定期的に連絡をとり続けることができる状態にあります。我われのような地方の人間にとって、オンラインは地理的なハンデと情報格差を減らしてくれる本当に素晴らしいツールなのは間違いないので、上手く組み合わせることがとても大事だと思います。そこからまた裾野を広げることに繋がるんじゃないかなと考えています。

——実際、今回の発表も、大手前大学のある兵庫県西宮市から中継しながら地理的に離れている先生方にご登壇いただけたのは、オンラインならではのことです。リアルなコミュニケーションの場合、五感から得られる多くの情報を得られたり思わぬ出会いを生む一方で、どうしても時間と空間に縛られてしまうところがあります。しかし、リモート技術のいっそうの普及によって、時間と空間の使い方自体は今後変わっていくのでしょう。大学で働く身としてそのことを強く感じます。この時間感覚、空間感覚が変わりつつある現在、どういったものを残していくのかということについて、最後に議論を進めて終わりたいと考えています。

岡本さんは、「西宮流」の今後について考えているかと思うのですが、そのことについてお聞きできればと思います。

岡本　難しいですけれども、人々の記憶が残っていけばいいな、と思いますね。紙ではなかなか残せないものがあって、ウェブだから残すことができるものもあるのかな、と。

――大切なご指摘だと思います。ウェブであるからこそ、紙媒体の日記で残す形とはまた異なる化学反応が起こりうる可能性がありますよね。誰かの目に触れることを通じて、その記憶やノウハウの継承が期待できるところもあり、実際、岡本さんが「西宮流」のコンテンツの制作の過程だったり、コンテンツによって実際に新しい出会いが生まれたという話を岡本様のご報告から聞けたので、非常にその可能性に期待できるな、と思います。

海老先生には、今回大学と地域と関わる事業を実践していくなかで、やはり残していかないといけない、あるいはリモートを使うことによってこういうこともできるようになった、という点があればお教えていただきたいと思います。

海老　二点あります。やはりコロナになって、とりわけゼミの活動として、学外に出ることがなかなか難しくなりました。リアルなコミュニケーションをとってこそのゼミなのに、その活動ができなくなってしまった。特に今の四年生は、丸一年近く経ちますが、まともな対面授業をしていません。ゼミは二年間ですが、四年生になっても横のつながりが稀薄かなと思います。今年の三年に比べても稀薄です。これが懸念すべき一つ目です。

もう一つは、先ほど報告した夙川の街歩きマップを昨年作った時のことです。実は四人の留学生が参加しましたが、四人とも日本に入国できませんでした。その四人にどのような課題を与えるかということで、こちらにいる日本人学生と同じようなマップを作ってもらうことにし、中国のカフェだとかをいくつか調べて、今回の夙川のマップにそれを含めることにしました。

本来であれば、先ほどの山村先生のパッケージやストーリーのお話からして、夙川のマップのなかにまったく関係のない上海のカフェが入っているとは何なんだ、ということになりますが、そういうごちゃ混ぜな感じが評価されているのが面白いところです。なんでこんなところにあるの、っていうことが、マップを通じた一つの話題になるんですね。西宮観光協会の方とよくお話しするんですが、やはり学生が作るものはごちゃ混ぜの感じがしてすごく面白い、と。そうやってコミュニケーションの媒体になって、地域の人とつながっていく、そのような意義はリモートだからこそ学べたのかな、とも思います。リモートには良いところもあり、またやはり、実際に出られない、コミュニケーションが取れないという懸念もあります。学生は学生で、自分たちはもしかしたらウイルスを持っているかもしれない、感染させてはいけないと非常にまじめに考えますから、そういう意味でなかなか出ていけないというのが、難しいところの一つではあります。

——ありがとうございます。では続いて、島田さんに。「アニ玉祭」をここまでやってきて、どういったものを残していきたいかということは、すでにご報告でうかがいました。とりわけ一番大事に考えていることについて、「アニ玉祭」自体がどういう場であり、どのようなイベントとして、今後残していきたいかっていうところを、もう少しお話ししていただけますか。

島田　「アニ玉祭」の一番のコンセプトはアニメと観光ですが、当初からそれと同じぐらい大きかったサブテーマが、アニメと地域でした。県の役割として、先ほども申し上げましたが、作品と地域の結びつきもしっかりとPRしたい、アニメファンの間の共通言語を通じて地域にどんどん目を向けてもらいたい、その媒介役がアニ玉祭であってほしい。そのコンセプトだけは、回を重ねようとも絶対に外せません。その想いを我われ県だけでなく、今私が勤務しているソニックシティだけでもなく、県内にある六十三の市町村すべてにこの想いを伝えたくて、ソニックシティ、県の観光課と連携しながら、毎年アニメの聖地セミナーのようなものをやっているわけです。もし自分の地域がアニメの舞台になった時に、どういう風にアニメを活かして、地域にファンの方の目を向けることができるか。先進的な事例として、具体的にどんなことをしたのか、どんな仕掛けが効果的だったのか、などを伝えようとしています。本当にまだまだ手探りの状態で、何が正解かはわかりませんが、さしあたりそんなことを考えて活動しています。

――ありがとうございます。森元先生、スイーツ業界全体が危機に瀕する現在、西宮のスイーツ店の店主たちは、どういうところを大事にしようとしていると考えられますか。

森元　「自分の生活を楽しむためには何をすべきなのか」という精神で、自分だけが頑張るのではなく、無理せず、自分のできないことを補ってくれる人と一緒に、周りを巻き込みながら活動をするということではないでしょうか。それは、職人だけの話ではなく、地元のお客さんや他業種の人も巻き込んでのことです。

――ありがとうございます。安藤さん、まさに今の『岬のマヨイガ』を活用したコンテンツツーリズムの取り組みは始まったばかりで、まだ一年目ということですけれども、今後の三年間の活動で、地域に何らかの形で残していければいいと考えていることがありましたら、お話しいただければと思いますが、いかがでしょうか。

安藤　そうですね、まずは取り組むメンバーが本気でやること。そこから結果を出していく。それがグッズの売り上げなのか、報道で取り上げられるようなことなのかは、取り組みによりますが、まず半径三メートルのところから変えていく。それから、来るものは拒まず、去るものは追わず、帰ってくる人はウェルカム。この「帰ってこれる」ことが重要であって、先ほど出た第二の故郷のお話に繋がると思います。閉じた輪ではなくて、開きのある、帰ってこれる場所を作り続けることが必要かと。そして、理想と現実が違っても、周囲と話し合いながら理想に近づけていくことを、三年間しっかりとやっていくというところですね。

――ありがとうございます。小新井先生のご報告には、ファンの越境ということの可能性として、国家間の、地理的空間的な差を乗り越えていくお話がありましたが、その他に乗り越えていけるものがありましたら、教えていただけますか。

小新井　先ほどのオタクならではの気質というか、性格的なものが挙げられますし、山村先生がおっしゃったように、オンラインの活用によって、今まで行けなかった場所で行われるイベントにも参加できようになったことも挙げられます。個人的には、二次元の世界に行きたい、という夢がありまして、応援上映は、応援することで映画館の客席が映画の中のライブ会場の一部になるんです。そういう意味では、二次元と三次元を超越することになる……でも、それは別に応援上映にかぎったものではなく、聖地巡礼でも自然にやってることですよね。この景色に、あのキャラが歩いてて、生まれ育った町だって、脳内で勝手に行き来しているわけなので。こういった、物理的には不可能に思える超越ができるところが、面白いと思いますので、今後突き詰めていけたらと考えております。

——ありがとうございます。最後に、山村先生からご意見をいただければと思います。ここまで「コンテンツツーリズムと継承」というテーマで話を進めてきました。実際のところ、今、その継承が困難な状況下にあると思います。ご報告にもあったように、コンテンツツーリズム、あるいはコンテンツ、あるいは「コンテンツ化」でも結構ですが、こうしたことはどうやって地域文化の継承と結びつくことができるのか、ご意見をお聞かせください。

山村　コンテンツ、これを例えばある作品と置き換えた場合、ある作品がきっかけである場所に行く、あるいはある作品に描かれたある地域の文化を知る、それをきっかけとして、その地域が元々持っていた文化や価値が再発見され再評価につながり、良い意味で再構築されて次の世代に引き継がれるようなことに繋がっていく。そのきっかけやプロセスの中で、コンテンツツーリズムは一つの役割を果たすことができると思います。

皆さんの発表のなかでも、やはりそういう見方をすることができるように私自身感じました。例えば森元先生のお話で、スイーツってすごくコンテンツだなと痛感しました。朝ドラの『風見鶏』とユーハイムの関係などはまさにそうですね。コンテンツツーリズムで存在を知った方もいらっしゃると思いますし、なんらかのきっかけや付加価値が与えられることで、地域資源が再発見、再評価されていくことが、とても大事だと考えています。

さらに、皆さんの発表のなかで、作品のファンから地域のファンになっていく、というお話がありましたが、作品への思い入れと同じように地域の資源に対しても関心を持ってもらえるような、うまいプロセスがあれば、コンテンツツーリズムでも継承というものに一定の役割を果たせると思います。

余談になりますが、何を残せばいいのかということについて。ファンの皆さんと話をしていると、自分が自分でいられる場所を残して欲しい、とおっしゃる方がたくさんいらっしゃいます。ファンにとってアニメの聖地とは、そういう位置づけにもなっていくんですね。自分を偽らずに自分でいられる場所が、コンテンツツーリズムを通して残っていけば、文化の継承にも大きく繋がっていくのではないかと、今日、皆様のお話を伺いながら学ばせていただきました。

――ありがとうございます。非常に綺麗にまとめていただき、大変恐縮です。本日はさまざまな立場から、コンテンツに関わっている、あるいはコンテンツツーリズムに関わっている方からのご意見を頂きました。今まさに実践中の方、あるいは今後長く続けてきたなかでどのようにして残していくのかという段階に入っている方、さまざまな形でコンテンツと関わっている方々の事例の報告がなされました。そして、それによって何が残せるかというところに関して、そのアクターとなる要素に気づくことができました。

コンテンツツーリズムにおいては、先ほど山村先生がおっしゃったように、ファンにとってある種かけがえのない場所が、同時に自分らしくいられるところでもあるというのは、私もまったく同感です。コンテンツツーリズムは、今では新規性のある事象では必ずしもなくなっていると思いますが、山村先生が、あるいは小新井先生がおっしゃったように、二次元と三次元を乗り越える、あるいはそこを横断しながら多様なアクターによるいろいろな実践がなされるなかで、さまざまな現実の空間そして仮想空間等々において、さまざまな影響を受け、あるいは与えていく、そのような現代社会のダイナミズムを捉える研究として、コンテンツツーリズム研究は今後も重要な位置をやはり占め続けるだろうなと思います。

本当に先生方にさまざまな形でさまざまな事例をお話しいただいたことで、私も大変勉強になりました。ありがとうございました。

編者／執筆者について——

石毛弓（いしげゆみ）　一九七〇年生まれ。大手前大学建築・芸術学部教授。博士（哲学）。専攻、西洋哲学。主な著書に、『マンガがひもとく未来と環境』（清水弘文堂、二〇一一）、『ピアチューター・トレーニング——学生による学生の支援へ』（共著、ナカニシヤ出版、二〇一四）などがある。

谷村要（たにむらかなめ）　一九七八年生まれ。大手前大学建築・芸術学部准教授。博士（社会学）。専攻、情報社会学、サブカルチャー研究。主な著書に、『ポケモンGOからの問い』（共著、新曜社、二〇一八）などがある。

＊

山村高淑（やまむらたかよし）　一九七一年生まれ。北海道大学観光学高等研究センター教授。博士（工学）。専攻、地域開発論、社会開発論、コンテンツツーリズム論。主な編著書に、『コンテンツツーリズム——メディアを横断するコンテンツと越境するファンダム』（共編著、北海道大学出版会、二〇二一）などがある。

島田邦弘（しまだくにひろ）　一九六三年生まれ。長年、埼玉県職員として公私にわたりアニメを活用したまちおこしの取り組みに携わる。現在、埼玉県上里町副町長。

岡本順子（おかもとじゅんこ）　一九五〇年生まれ。兵庫県西宮市の地域情報を発信するサイト「西宮流」編集室代表。

安藤彰紀（あんどうあきのり）　一九八二年生まれ。岩手県大槌町職員。町の初代アニメ担当としてメディアミックスによる地域おこし事業に携わる。

森元伸枝（もりもとのぶえ）　一九六四年生まれ。大手前大学国際日本学部准教授。修士（経営学）。専攻、地域産業、産業集積研究。主な著書に、『洋菓子の経営学——「神戸スウィーツ」に学ぶ地場産業育成の戦略』（プレジデント社、二〇〇九）などがある。

海老良平（えびりょうへい）　一九七二年生まれ。大手前大学現代社会学部観光ビジネス専攻准教授。博士（経済学）。専攻、観光学。主な著書に、『入門観光学』（共著、ミネルヴァ書房、二〇一八）などがある。

小新井涼（こあらいりょう）　一九八九年生まれ。北海道大学大学院国際広報メディア・観光学院博士課程在籍。専攻、観光学。三木プロダクション所属。主な著書に、『鬼滅フィーバーはなぜ起こったか?——データで読み解くヒットの理由』（impress QuickBooks、二〇二〇）などがある。

大手前大学比較文化研究叢書18

コンテンツツーリズムと文化遺産

二〇二二年一二月二〇日第一版第一刷印刷　二〇二三年一月一〇日第一版第一刷発行

編者――石毛弓＋谷村要

執筆者――山村高淑＋島田邦弘＋岡本順子＋安藤彰紀＋
森元伸枝＋海老良平＋小新井涼

装幀者――宗利淳一

発行者――鈴木宏

発行所――株式会社水声社
東京都文京区小石川二―七―五　郵便番号一一二―〇〇〇二
電話〇三―三八一八―六〇四〇　FAX〇三―三八一八―二四三七
［編集部］横浜市港北区新吉田東一―七七―一七　郵便番号二二三―〇〇五八
電話〇四五―七一七―五三五六　FAX〇四五―七一七―五三五七
郵便振替〇〇一八〇―四―六五四一〇〇
URL：http://www.suiseisha.net

印刷・製本――精興社

ISBN978-4-8010-0690-4